Walter Thierfelder · Bernd Brinken

PFÄLZER WALD

DIE SCHÖNSTEN LANDSCHAFTEN IN DEUTSCHLAND

FLECHSIG

Titelseite:
Großes Bild: Annweiler
Kleine Bilder von oben nach unten:
– Erker in Sankt Martin
– Burg Altdahn
– Marienstatue an einem Bürgerhaus in Neuleiningen
– Markt in Neustadt an der Weinstraße

Rücktitel:
Ruine der Burg Gräfenstein bei Merzalben

Seite 1: Die Pfarrkirche in Dörrenbach erinnert an die Kirchenburgen in Siebenbürgen – eine hohe Umfassungsmauer umgibt den Friedhof und bot einst den Lebenden Zuflucht und Schutz.
Seite 2/3: Zwischen Nothweiler und Rumbach geht der Blick nach Osten zur Burg Berwartstein, das im Spätmittelalter ein berüchtigtes Ritternest war.
Seite 5: Das Gasthaus zum Engel in Bad Bergzabern wurde um 1600 erbaut und gilt als einer der schönsten Renaissancebauten der Pfalz. Das Wirtshausschild wurde um 1800 gefertigt.
Seite 6/7: Zu den am schönsten gelegenen Felsenburgen der Pfalz gehört sicherlich Burg Frankenstein, zwischen Kaiserslautern und Neustadt an der Weinstraße.
Seite 8: Noch ist der Pfälzer Wald nicht, wie so manch anderer Forst, zu einer Fichtenholzplantage verkommen, und so erlebt man den Herbst in dieser Farbenpracht.

Die beigefügte Karte zeichnete Franz Toenniges.

Bildnachweis:
Die Abbildungen im Text wurden aus folgenden Büchern entnommen:

Franz Weiß: Die malerische und romantische Rhein-Pfalz, Frankfurt 1981
Emil Heuser: Pfälzerland in der Vergangenheit, Frankfurt 1981

Die Deutsche Bibliothek – CIP-Einheitsaufnahme

Pfälzer Wald /
Walter Thierfelder ; Bernd Brinken. –
Sonderausg. – Würzburg : Flechsig, 1999
ISBN 3-88189-250-8

Sonderausgabe für Flechsig-Buchvertrieb

Printed in Germany
ISBN 3-88189-250-8

INHALT

PFÄLZER WALD – EINE LANDSCHAFT AM RANDE DER GESCHICHTE

»Geblieben ist als mächtiger Kindheitseindruck dies Eine: Wald. Der Zufall hat mich nach fast einem halben Jahrhundert wieder an den Ort geführt, das Gedächtnis wurde erregt, doch schien jetzt alles anders, eng begrenzt, geordnet, geebnet, was wahrscheinlich auch damals schon war. Nie zuvor habe ich im Wald mit Quellen und Bächen solches Zusammenleben erfahren, das Dunkel der grünen Dichte, das den Kindersinn Unbegrenzte, dazu Kohlenmeiler und alte Erzhämmer. Ich habe andere, weitere Waldgebiete kennengelernt in tagelangen Wanderungen, gewiß auch berühmtere. Sie boten nichts anderes als Variationen der großen Melodie, die ein Kinderherz angerührt hatte.«

Wie könnte man das Wesen des Pfälzer Waldes treffender beschreiben, als dies Theodor Heuss in seinen »Kindheitserinnerungen« getan hat. Mit nüchternen Daten und Fakten wird man diese Landschaft nicht finden; denn die Tatsache das größte zusammenhängende Waldgebiet in Deutschland vorzufinden gewinnt erst an Bedeutung, wenn man es durchwandert und das Ausmaß den eigenen Schritten unterworfen hat.

Das Wandern in dieser Waldregion ist sicherlich auch die gemäße Art der Fortbewegung, um im Zauberreich der Stille zu entschwinden, und es wird dem naturverbundenen Menschen leicht gemacht diesen Weg zu beschreiten, denn mit 4000 Kilometer markierten Wanderpfaden sind die wichtigen Ziele, ob Bergeshöhen, Burg oder der Waldgasthof allemal zu erreichen.

Die Landschaft ist in ihrer Ausdehnung überschaubar: sie reicht von Kaiserslautern bis zur Grenze nach Frankreich und ist im Osten begrenzt von der Haardt, dem Randgebirge zur Oberrheinebene hin, sowie im Westen vom Westrich. Seinen Charakter als Waldgebiet hat sich der Pfälzer Wald bis heute bewahren können. Die topographische Struktur läßt Ansiedlungen in den meisten Fällen nur in den Tälern zu, abgesehen natürlich von den charakteristischen mittelalterlichen Felsenburgen wie insbesondere den 3 Dahner Burgen, der Burg Meistersel oder dem Berwartstein. Der hohe Waldbestand des Gebietes, darunter auch viel Kiefernwald, wird in zahlreichen in den engen Tälern gelegenen Sägewerken verarbeitet. Neben diesem Wirtschaftszweig bildet der Fremdenverkehr eine zweite wichtige Existenzgrundlage der

Der Drachenfels

Blick von Erlenbach zur Burg Berwartstein

Bevölkerung. Er kann sich neben den Naturschönheiten auch auf eine vorzügliche landestypische Küche stützen, wie den Pfälzer Saumagen - mancher Staatsgast kam nicht umhin dieses Gericht zu kosten -, der inzwischen weit über die Grenzen der Pfalz hinaus bekannt ist.

Geologisch und petrographisch wird der Pfälzer Wald von Buntsandstein geprägt. Dieses weiche Gestein wurde im Laufe der Jahrmillionen vom Regen ausgewaschen, wobei hier und da bizarre Felsentürme stehenblieben, von denen solche mit größerer Grundfläche dann auch zum Burgenbau genutzt wurden.

Erstaunlich ist, daß es anders als etwa im Elbsandsteingebirge südlich von Dresden offenbar nicht im gleichen Umfang Steinbrüche gegeben hat. Kirchen und Burgen im Pfälzer Wald selber sind zwar weitgehend aus dem heimischen Material gebaut und auch in angrenzenden Gebieten, wie etwa in Kaiserslautern, ist es verbaut worden, aber auf Grund der Transportprobleme fand kein Export statt. Es stand, anders als in der Sächsischen Schweiz, auch kein schiffbarer Fluß als Transportweg zur Verfügung. Selbst in der angrenzenden Oberrheinebene waren Tuffstein aus dem Neuwieder Becken oder Basalt aus dem Siebengebirge auf dem Rhein leichter heranzuführen. Da der Buntsandstein aus dem Pfälzer Wald jedoch durch seine intensive Farbe und die leichtere Bearbeitung Gefallen fand, sind die großen repräsentativen Kirchen wie die Kaiserdome in Speyer,

Worms und Mainz oder das Heidelberger Schloß Sandsteinbauten, für die das Material wahrscheinlich aus der Südpfalz stammt.

VOR- UND FRÜHGESCHICHTE

Den besten Überblick über die Vor- und Frühgeschichte der Pfalz gibt das Historische Museum der Pfalz in Speyer, wo auch festzustellen ist, daß der Pfälzer Wald selber, wie ja auch nicht anders zu erwarten, damals noch kaum besiedelt war. Sicherlich dürfte die fruchtbare breite Schwemmlandebene des Oberrheintals die Menschen mehr angezogen haben als die Berge und Klippen und die dunklen Täler des Pfälzer Waldes, wohin sie sich vielleicht in der Not zurückzogen. Größere Ringwallanlagen wie in der nördlichen Pfalz auf dem Donnersberg oder im saarländischen Otzenhausen sind jedoch nicht bekannt. Das kann jedoch nicht als Gegenbeweis gewertet werden, denn solche Schutzanlagen waren schnell vergänglich. Auch auf die Felsen, die später so markante Burgen wie den Trifels, Burg Berwartstein oder die Dahner Schlösser trugen, mag man sich geflüchtet haben, doch hätte hier natürlich die spätere Überbauung ohnehin alle Spuren vernichtet.

RÖMERZEIT

Die Römer scheinen während der Jahrhunderte nach der Zeitwende, in denen sie die Gebiete westlich des Limes, also auch das des Pfälzer Waldes beherrschten, um diesen weitgehend einen Bogen gemacht zu haben. Die engen sumpfigen Täler, von dichten Wäldern eingeschlossen gaben keinen Anlaß zu Besiedlung, und so sind denn auch aus dem Pfälzer Wald keine nennenswerten römischen Funde bekannt.

IM FRANKENREICH

Nachdem im 5. Jahrhundert das weströmische Reich nach langer Agonie stückweise zusammenbrach, übernahm das germanische Volk der Franken die Vorherrschaft, zunächst unter dem merowingischen Königsgeschlecht, dann unter den Karolingern mit Karl dem Großen als dem bedeutendsten Repräsentanten. Auch die Franken hatten eine instinktive Scheu vor großen Waldgebieten, und so ist auch in dieser Zeit der Pfälzer Wald für feste Ansiedlungen gemieden worden.

IM HOCHMITTELALTER

Es waren wahrscheinlich Einsiedler und Mönche, die vor der umtriebigen Welt in die Einsamkeit fliehen wollten und einen Platz zur Ruhe und inneren Einkehr im Pfälzer Wald suchten.

Andererseits lockte ein so großes, noch weitgehend unerschlossenes Waldgebiet auch weniger fromme Zeitgenossen an, die hier nicht nur der Jagd nachgingen, sondern sich einen kleinen Herrschaftsbereich schaffen wollten, was in den Altsiedlungsgebieten im Oberrheingraben kaum noch möglich war. Zuweilen gelang es auch Reichsministerialen in den Stand des höheren Adels aufzusteigen und kleine autonome Herrschaftsbezirke zu begründen. Andererseits strebten auch die größeren Städte nach möglichst viel Selbständigkeit, an der Spitze Kaiserslautern, das 1276 den schwachen König Rudolf von Habsburg bewegte, ihr die Rechte einer freien Reichsstadt zu verleihen. Doch weiterhin hatte die Stadt unter der ständigen Finanznot der deutschen Könige zu leiden: 1322 wurde Kaiserslautern von Kaiser Ludwig dem Bayer an König Johann von Böhmen verpfändet. Das Pfand gelangte über Umwege 1375 an die Kurpfalz, die zum dauerhaften Besitzer von Kaiserslautern wurde.

Stolzester Repräsentationspunkt des Reiches in der Pfalz war im Hochmittelalter die Burg Trifels. Daß sich die deutschen Könige und Kaiser häufiger auf der Burg aufgehalten hätten, ist nicht überliefert und auch eher unwahrscheinlich. Kaiser Friedrich Barbarossa weilte zweimal auf dem Trifels, sein Sohn Heinrich VI. in seiner allerdings auch nur kurzen Regierungszeit lediglich einmal und ob Friedrich II. überhaupt einmal dort war, ist fraglich. Sein unglücklicher Sohn Heinrich (VII.), der nach dem Scheitern seines Staatsstreiches 1234/35 als deutscher König gegen den Kaiser vergeblich dessen Gnade erfleht und seitdem in Süditalien in Haft gehalten worden war, hielt sich seit September 1234 offenbar bis in das neue Jahr hinein auf dem Trifels auf. Nach dem Aufenthalt von Konrad IV. 1246 und von König Wilhelm von Holland 1255 war die große Zeit des Trifels als wichtige Reichsburg vorbei.

Auch das hochmittelalterliche deutsche Reich war im Niedergang begriffen, was auch für das ehemalige Kronland im und um den Pfälzer Wald Veränderung mit sich brachte. Lokale Adelsgeschlechter, die zum Teil loyal und tatkräftig zum staufischen Herrscherhaus gestanden hatten, die Reichsministerialien, aus deren Familien der Reichstruchseß Marquard von Annweiler besonders hervorzuheben ist, und die Städte im Umland des Pfälzer Waldes behinderten die Pfalzgrafen für längere Zeit, aus ihrem Streubesitz und ihren Pfandrechten ein geschlossenes Territorium zu formen.

SPÄTES MITTELALTER UND FRÜHE NEUZEIT

Die Adeligen, die zu ihrem Lebensunterhalt auf das angewiesen waren, was der Pfälzer Wald selber bot, waren nicht selten in der Gefahr, ihre wenigen und oft auch nicht mehr zeitgemäßen Rechte wie Wegezoll und Geleitrecht, also das Privileg gegen Entgeld insbesondere Kaufmannszüge durch ein bestimmtes Gebiet zu eskortieren und erforderlichenfalls gegen Wegelagerer zu verteidigen, zu verlieren. Größere Städte hatten zum Schutz ihrer Kaufleute, die meistens auch als Patrizier im Rat vertreten waren, längst Soldaten in Sold genommen, die das komplizierte System des Geleits überflüssig machten. Und für die Benutzung ungepflegter Verkehrswege noch Zoll zahlen zu müssen, fehlte den Reisenden zusehends das Verständnis. Es entwickelte sich nun eine Situation, die den ehemals privilegierten Adeligen die Existenzgrundlage raubte. Wollten Sie aber ihre verbrieften antiquierten Rechte durchsetzen, gerieten sie schnell in den Ruch des Raubrittertums, nicht selten mit der Folge, daß die Städte und Landesherren, die geschlossene Territorien mit einheitlicher, gesicherter Rechtsordnung anstrebten, dem ritterlichen Treiben ein Ende bereiteten. Das spektakulärste derartige Unternehmen war 1523 die Belagerung der Burg Nanstein des Reichsritters Franz von Sickingen über Landstuhl, der dabei durch einen herabfallenden Balken den Tod fand.

Der Bauernkrieg 1525 betraf den Pfälzerwald nicht unmittelbar, erst mit der Reformationszeit geriet das Land in weitreichende Verwicklungen. Die Annahme der böhmischen Königswürde durch Kurfürst Friedrich V. von der Pfalz, der damit habsburgische Ansprüche verletzte, und seinen Sturz in nicht einmal Jahresfrist, nutzten

Burg Nanstein (1625)

spanische Truppen zur Besetzung der linksrheinischen Pfalz.

Mit dem Ende des Dreißigjährigen Krieges durch den Westfälischen Frieden 1648 wurden zwar die alten Herrschaftsverhältnisse weitgehend wiederhergestellt, Frankreich behielt jedoch seine dominierende Stellung, die es sich im westlichen Reichsgebiet erkämpft hatte. Das sollte in der Pfalz schwerwiegende Folgen haben: Als 1685 das protestantische Herrscherhaus Simmern erlosch, sah Ludwig XIV. die Chance, über Erbansprüche seiner Schwägerin Liselotte von der Pfalz die linksrheinische Kurpfalz zu annektieren, obgleich Liselotte bei ihrer Eheschließung mit Herzog Philipp I. von Orléans, ausdrücklich auf territoriale Besitzansprüche verzichtet hatte. Dies führte 1688 zum Pfälzischen Erbfolgekrieg mit Pfalz-Neuburg (Neuburg an der Donau), in dem Mannheim und Heidelberg mit seinem herrlichen Schloß und auch eine Vielzahl der Burgen zerstört wurden, obwohl diese ja kaum noch militärische Bedeutung hatten. Insofern dürfte die Aktion für Frankreich dauerhaft ein Mißerfolg gewesen sein, als in der Pfalz danach kaum, wie im südlichen Nachbarland Elsaß, viel Sympathie für einen Anschluß an die »Grande Nation« aufkam, was freilich nicht bedeutete, daß man nicht, wie damals üblich, in großem Umfange französische Lebensgewohnheiten übernommen hätte.

DIE NAPOLEONISCHE ZEIT

Mit der Französischen Revolution 1789 suchten zunächst viele französische Adelige und wohlhabende Bürger Zuflucht in der Pfalz und bemühten sich, im Exil Widerstand zu organisieren. Es entstand eine Freiwilligenarmee, und mit preußischen Truppen drangen sie fast bis Châlons-sur-Marne vor. Dem nachschubbedingten Rückzug folgten Revolutionstruppen, die Speyer und Worms besetzten und am 21.10.1792 Mainz zur Kapitulation zwangen.

Kaiserslautern (1618)

Die Führer des Konvents in Paris verkündeten nun das Recht, das Gebiet der französischen Republik bis zu ihren »natürlichen Grenzen«, dem Rhein, auszudehnen. Verschiedene Versuche österreichischer und preußischer Truppen, die Besetzung der Pfalz zu beenden, mißlangen und die linksrheinische Pfalz blieb unter französischem Einfluß.

Unter Napoleon erhielt die Pfalz, gemäß der in Frankreich üblichen Kantonaleinteilung nach Flüssen und Gebirgen die Bezeichnung »Mont-Tonnére« (Donnersberg), die Kirchen und Klöster wurden säkularisiert und der Code civile eingeführt.

Erst 1814, mit dem ersten Pariser Frieden, verliert Frankreich seine pfälzischen Gebiete, noch mit Ausnahme der Südpfalz und Landau. 1815 werden mit dem zweiten Pariser Frieden die restlichen Gebiete abgetreten, nur die Stadt Weißenburg verbleibt bei Frankreich.

DIE PFALZ IM 19. JAHRHUNDERT

Nach Herstellung der alten Ordnung im Zuge des Wiener Kongresses bemühte sich Bayern zwar intensiv die alten wittelsbachischen Lande am Rhein zurückzuerhalten, konnte sich damit aber nur für deren linksrheinischen Teil, die heutige Pfalz, durchsetzen. Das wirtschaftlich ergiebigere Gebiet rechts des Stromes einschließlich der aufstrebenden Stadt Mannheim wurde dem Großherzogtum Baden zugeschlagen.

So recht glücklich wurde Bayern jedoch mit den Pfälzern nicht, die sich auf fortschrittlichere und freiheitlichere Rechte aus französischer Zeit beriefen. Schon früh war in der Pfalz liberales Gedankengut verbreitet, das seinen deutlichsten Ausdruck am 27. Mai 1832 im Hambacher Fest fand. Dieses Volksfest für Einheit und Freiheit hatte zwar keine unmittelbare politische Wirkung, war aber in den folgenden 150 Jahren mit seinen Ideen fest im Gedankengut der Demokraten verankert.

In den Jahren der bürgerlichen Revolution von 1848/49 kam es in der Pfalz zur Bildung einer provisorischen demokratischen Regierung, die ihre Sitzungen 1849 für kurze Zeit in der Fruchthalle in Kaiserslautern abhielt.

Im Jahrhundert der Industrialisierung hatte es der Pfälzer Wald insofern naturgemäß verhältnismäßig schwer, weil hier oft nur unter Schwierigkeiten die dafür notwendigen leistungsfähigen Verkehrswege, zur damaligen Zeit in erster Linie Eisenbahnstrecken, erstellt werden konnten. Am besten veranschaulicht die abenteuerliche Streckenführung von Kaiserslautern nach Neustadt noch heute eine Bahnfahrt, wobei die Lok im engen Tal zwischen Frankenstein und Lambrecht laut pfeifend von einem Tunnel in den nächsten schießt.

IM 20. JAHRHUNDERT

Anders als im Rheinland haben nach dem verlorenen Ersten Weltkrieg, angesichts der schlingernden Regierungen der Weimarer Republik und vielleicht auch eingedenk der Erfahrungen im deutsch-französischen Verhältnis, Überlegungen einer Separation vom Deutschen Reich in der Pfalz

Das Hambacher Schloß

keine große Rolle gespielt. Auch die verschiedenen Aktionen in Bayern, zu dem die Pfalz ja immer noch gehörte, fanden hier wenig Widerhall.

In der Wiederaufrüstung vor dem Zweiten Weltkrieg scheint der Pfälzer Wald wohl auch keine große Rolle gespielt zu haben, vielleicht galt er für größere Aktionen als topographisch zu schwierig.

Das änderte sich sehr deutlich, nachdem das Deutsche Reich den Zweiten Weltkrieg verloren hatte. Formal wurde die Pfalz Teil der französischen Besatzungszone, wenn im Grunde auch nur dank der Courtoisie der Amerikaner; denn ursprünglich hatte man bei der Aufteilung Deutschlands in Besatzungszonen nur an die eigentlichen Siegermächte und nicht an das von diesen befreite Frankreich gedacht. Und so genau nahmen es die Amerikaner mit dieser Großzügigkeit auch nicht, vielmehr wurde die Pfalz ihre wichtigste militärische Basis in Deutschland. Gewaltige Luftbasen wie Ramstein, Zweibrücken und Sembach wurden angelegt, daneben housing-areas, die alles boten, was den Offizieren und ihren Familien aus der Heimat lieb und teuer war - die einfachen GI's blieben auf ihre tristen Kasernen angewiesen. Solange der Dollar der Mark noch relativ beständig im Wert von vier zu eins gegenüberstand, lebten sowohl die Amerikaner wie auch ihre deutschen Partner ganz gut, schwieriger wurde es mit dem rasanten Wechselkursverlust der amerikanischen Währung, der die Soldaten nun zwang, sich möglichst der Devise »buy American«, »kaufe amerikanische Waren«, zu unterwerfen. Nun stellt sich das Problem ja anders; die Amerikaner ziehen ab, für die Luftbasen wird man eine andere Verwendung finden müssen: Industrieparks, Frachtflughäfen, Freizeitzentren und Außenstellen von Universitäten.

Für Felskletterer ist, nach dem Elbsandsteingebirge südlich von Dresden, der Pfälzer Wald eines der schönsten Klettergebiete abseits der Alpen.
Links: Der Asselstein erhebt sich hoch über das Annweiler Tal.
Seite 17: Annweiler, bereits 1219 freie Reichsstadt, war immer mit dem Schicksal der Burg Trifels eng verbunden.
Seite 18/19: Die Burg Trifels (links) ist eine der bekanntesten des deutschen Mittelalters, sie war lange Zeit Hort der Reichsinsignien und in den Jahren 1193 und 94 Gefängnis für den englischen König Richard Löwenherz. Von der Burg Anebos (rechts) sind kaum noch spärliche Reste erhalten.

Das bürgerlich-vornehme Gutshaus Neukastell, in halber Höhe über Leinsweilers gelegen, war zunächst Sommersitz des Malers Max Slevogt und wurde später seine eigentliche Behausung.
Rechts: Über verheißungsvolle Weingärten geht der Blick zum Winzerdorf Birkweiler.
Seite 24/25: Blick von der Madenburg, einer der größten Burganlagen in der Pfalz, über die Hügelketten des Pfälzer Waldes nach Westen.

Links: Die ausgedehnte Anlage der Madenburg, erstmals im 11. Jahrhundert als Reichsburg erwähnt, wurde nach ihrer Zerstörung im Bauernkrieg Ende des 16. Jahrhunderts im Stil der Spätrenaissance wieder aufgebaut und von den Fürstbischöfen von Speyer als Sommerresidenz genutzt. Oben: Eingang zum Treppenturm des ehemaligen Ostbaus.

Durch Weingärten führt der Weg zur spätromanischen St. Nikolaus Kapelle und zur Burgruine Landeck, einer ehemaligen Reichsburg, die vermutlich gegen Ende des 12. Jahrhunderts zum Schutz der Abtei Klingenmünster errichtet wurde.
Rechts: Die ehemalige Klosterkirche des Benediktinerordens in Klingenmünster, heute eine katholische Pfarrkirche, hat in ihrer Geschichte zahlreiche Veränderungen und Umbauten erfahren. Aus der romanischen Zeit sind noch Teile im Westbau erhalten. Das Rathaus von Klingenmünster ist gleichzeitig Geburtshaus des pfälzischen Heimatdichters August Becker, der im Ort mit einem Denkmal geehrt wird.

Nach zahlreichen Umbauten erhielt das Schloß in Bad Bergzabern im 16. und 18. Jahrhundert sein heutiges Erscheinungsbild. Rechts: Mit dem Westeingang, dem »Tor der Riesen«, setzte der kunstliebende Landesherr Johann I. im 16. Jahrhundert einen künstlerischen Akzent.

Der Marktplatz ist der lebendige Mittelpunkt von Bad Bergzabern. Kneipp-Heilbad wurde die Stadt 1964, doch hätte dies auch früher passieren können, wie der Prälat Sebastian Kneipp 1896 schon bemerkte: »Hätte ich nicht in Wörrishofen begonnen, hier hätte ich es tun müssen!«

Das Gasthaus »Zum Engel« in Bad Bergzabern ist der ehemalige Adelshof der Familie von Marx. Um 1600 erbaut, gilt er als das schönste Renaissancehaus der Pfalz.
Seite 34/35: Mitten im einzigen Wehrfriedhof der Pfalz, in Dörrenbach, steht die Simultankirche St. Martin. Die Fresken im Inneren der Kirche entstanden zwischen dem 14. und 15. Jahrhundert. Neben sakraler Baukunst prägt ein schönes Ensemble alter Fachwerkhäuser um den Kirchplatz das Ortsbild.

Immer wieder lichtet sich der dichte Baumbestand des Pfälzer Waldes zu romantischen Tälern, wie hier dem Litschbachtal.
Rechts: Die Burg Berwartstein, in der Nähe des hübschen Dörfchens Erlenbach gelegen, zählt zu den interessantesten Wehrbauten des Mittelalters. Trotz der zahlreichen Überbauungen und Ergänzungen ist die ursprüngliche Anlage der Felsenburg noch gut zu erkennen. In frühesten Zeiten verfügte sie nur über einen einzigen Eingang, der lediglich über Holztreppen und Strickleitern zu erreichen war.

In die Landschaft des Pfälzer Waldes sind zahlreiche Weiher und kleine Seen eingestreut.

Dicht an der Grenze zum Elsaß ist die Wegelnburg die höchstgelegene Burgruine der Pfalz. Zu Zeiten waren die Burgherren bei den Reichsoberen in Ungnade gefallen, und so sahen sich der Landvogt des Elsaß und die Stadt Straßburg veranlaßt, die Burg 1272 wegen Landfriedensbruch und Straßenraub zu zerstören. Sie wurde wieder aufgebaut und fand ihr endgültiges Ende erst 1679.

Jenseits der deutschen Grenze im Elsaß liegt die Burg Fleckenstein. Imposant auf einem 43 Meter hohen Felsen erbaut, gilt sie als eine der schönsten Burgen aus der Stauferzeit. Erst seit 1825, infolge einer konzilianten Landabtretung durch Bayern, gehört Burg Fleckenstein zu Frankreich.

Eine der schönsten Felsenburgen des Pfälzer Waldes ist sicherlich die einsam gelegene Burg Drachenfels. Etwa zum Ende des 12. Jahrhunderts gegründet, galt sie durch ihre exponierte Lage lange Zeit als uneinnehmbar.

Nach dem mühsamen Aufstieg über die aus dem Fels herausgehauenen Treppen bietet sich ein Blick in die Weite des Landes.

Von den vier Dahner Burgen – Altdahn, Grafendahn, Tannstein und Neudahn – ist die um 1100 gegründete Burg Altdahn die älteste. Die Wohnanlagen sind fast vollständig verschwunden, überdauert haben nur die massiven Verteidigungsanlagen.
Rechts: Die Dahner Burgen sind hintereinander um, in und auf mehreren Buntsandsteinfelsen gebaut worden. 337 Meter hoch gelegen erstrecken sie sich über eine Länge von etwa 200 Metern, wovon alleine die Ruine Altdahn etwa 95 Meter einnimmt.

Um den Jungfernsprung bei Dahn, eine 60 Meter hohe, senkrecht abfallende Felswand, rankt sich eine Sage: Vor einem begehrlichen Verfolger fliehend soll eine wunderschöne Jungfrau in die Tiefe gesprungen sein, wo sie wunderbarerweise unverletzt ankam. Daraufhin entsprang dort eine noch heute fließende Quelle.

Mit dem Teufelstisch bei Hinterweidenthal hat die Erdzeitgeschichte die bizarrste Felsformation des Pfälzer Waldes hervorgebracht.
Seite 48/49: Nicht weit vom Dorf Merzalben liegt die Ruine der Burg Gräfenstein, die trotz einiger Veränderungen im 15. und 16. Jahrhundert ein ausgezeichnetes Beispiel des romanischen Burgenbaus der Stauferzeit bietet.

Links: Das Erlenbachtal lädt zu einem Waldspaziergang ein.
Oben: Der Weiher von Moosalpe läßt etwas von der Ruhe und Abgeschiedenheit erahnen, die der Pfälzer Wald dem Wanderer bieten kann.

Links: Die Burg Nannstein wurde von Kaiser Barbarossa zum Schutz der Heerstraße errichtet. Ein römischer Götterstein (unten) über dem Burgtor. Spolien aus dem Mittelalter und der Renaissance (oben). Seite 54/55: Die Stiftskirche von Kaiserslautern.

Im 12. Jahrhundert ließ Kaiser Barbarossa die Königspfalz in Kaiserslautern errichten und leitete damit die Entwicklung zu einer mittelalterlichen Stadt ein. 1703 wurde die Anlage in Folge des spanischen Erbfolgekrieges von französischen Truppen gesprengt.

Das Dorf Hohenecken, südwestlich von Kaiserslautern, ist heute Ortsteil der Stadt. Die Burg über dem Ort wurde 1160 unter Kaiser Friedrich Barbarossa zum Schutz der Straße von Kaiserslautern nach Weißenburg erbaut.
Rechts: Abseits der großen Verkehrswege liegt die Burgruine Diemerstein, kurz vor der Mündung des Glasbaches in den Hochspeyerbach. Im 12. Jahrhundert erbaut, erlebte die Burg mehrere Besitzerwechsel bis sie im Dreißigjährigen Krieg zerstört wurde.

Das Karlstal in der Nähe von Trippstadt, zählt mit seiner tiefen Schlucht und der schnell dahinfließenden Moosalb wohl zu den schönsten Tälern des Pfälzer Waldes.

Der Pfälzer Wald ist das größte zusammenhängende Waldgebiet Deutschlands, dessen Mittelpunkt bei Johanniskreuz liegt.

Die kleine malerische Burgfestung Neuleiningen entstand um 1240 in Folge von Erbstreitigkeiten um die Burg Leiningen (Altleiningen). Das Burgdorf ist mit einer Mauer umgeben und bietet mit seinen verschachtelten Häusern einen pittoresken Anblick. Es rankt sich hier auch die Geschichte von der klugen Gräfin Eva, die während des Bauernkrieges die Eindringlinge mit Speis und Trank bewirtete und so ihre Burg vor der Zerstörung retten konnte.

Um 1120 erbaut, wurde Burg Altleiningen 1690 zerstört. Der Wiederaufbau mit der neuen Bestimmung als Jugendherberge und Schullandheim ging recht willkürlich mit dem historischen Bestand um.

Oben links: Die katholische Pfarrkirche St. Nikolaus ging aus einer Burgkapelle des 13. Jahrhunderts hervor.
Oben rechts: In Neuleiningen ziert eine originelle Marienstatue aus Terrakotta die Fassade eines Bürgerhauses.
Seite 64: In Neuleiningen geht es auch heute noch recht ländlich zu; im Hintergrund der runde Bergfried der Burg.

Links: Eine ursprüngliche Waldlandschaft prägt die Region um den Schillerfelsen in der nördlichen Haardt.
Oben: Auch in der Nähe von Bad Dürkheim findet sich einer der zahllosen Bismarcktürme; das Relief zeigt den Gründer des 2. Deutschen Reiches.

Die Hardenburg westlich von Bad Dürkheim heißt eigentlich »Hartenburg«, das sich von »Hart« – Wald ableitet. Die erste zu Beginn des 13. Jahrhunderts erbaute Anlage ist nur schwer zu rekonstruieren, nachdem sie im 16. Jahrhundert zu einer zeitgemäßen Festung ausgebaut worden ist.

Der ehemalige Steinbruch der Hardenburg.
Seite 70/71: Einen der Zugänge zum Pfälzer Wald bewachte einst die Stammburg der Salier, die Limburg westlich des heutigen Bad Dürkheim. Bereits Kaiser Konrad II. und seine Gemahlin Gisela widmeten sie frommen Zwecken und siedelten hier im Jahr 1025 Benediktinermönche an. Es entstand eines der bedeutendsten Denkmale frühsalischer Baukunst.

Links: Die evangelische Schloßkirche Sankt Johannis in Bad Dürkheim wurde vermutlich zu Beginn des 14. Jahrhunderts erbaut. Der Westturm jedoch erst 1865 auf dem Unterbau des abgetragenen mittelalterlichen Turmes errichtet.
Oben: Das Kurhaus von Bad Dürkheim ist aus dem früheren Rathaus hervorgegangen, das 1822 anstelle des 1794 abgebrannten Schlosses der Grafen zu Leiningen erbaut wurde. Die Geschichte des Heilbades Bad Dürkheim reicht 150 Jahre zurück, und schon in der Mitte des 19. Jahrhunderts galt es als ein Modekurort. Zahlreiche ausländische Gäste, auch gekrönte Häupter waren häufig Gast in Dürkheim.

Mußbach, Stadtteil von Neustadt, wurde bereits zur Zeit Karl des Großen als Winzerort genannt. Eine Besonderheit bietet die Simultankirche des Ortes: Nach der Reformation zog man in der Kirche eine Mauer ein, die den Chor für die Katholiken und das Langhaus für die Reformierten abtrennte.
Rechts: Zahllose Weinlokale bieten entlang der Weinstraße, wie hier in Neustadt, in idyllischem Ambiente heimische Weine an.

Die ehemalige Stiftskirche Liebfrauen (oben) und das Rathaus (rechts) beherrschen den Marktplatz von Neustadt an der Weinstraße. Seite 78/79: Das Hambacher Schloß war Schauplatz des gleichnamigen Festes (1832) für die Einheit und Freiheit Deutschlands.

Das kleine pfälzische Weindorf Sankt Martin gleicht einem Schmuckkästchen, und wie in kaum einen anderen Ort in der Pfalz hat sich hier alte Bausubstanz erhalten und wurde über die Zeit gepflegt.

Oberhalb von Edenkoben ließ sich König Ludwig I. von Bayern, Regent über die Pfalz, das Schloß Ludwigshöhe erbauen. Im Architekten Friedrich von Gärtner fand der König einen hochbegabten und produktiven Künstler, der eine an der Einfachheit der Antike ausgerichtete Architektur schuf.

Besonders spektakulär präsentiert sich die Ruine der Burg Spangenberg dem Besucher des Elmsteiner Tales. Die Oberburg mit Palas wurde im 13. Jahrhundert auf einem vorspringenden Buntsandsteinfelsen errichtet.

Die Geschichte Edenkobens und auch die des örtlichen Weinbaus beginnt im 13. Jahrhundert mit den frommen Frauen von Heilsbruck. Beim Bau ihrer Klosterkirche ließen sie diese unterkellern, einen ausgedehnten Weinkeller anlegen und verlegten ihre landwirtschaftlichen Tätigkeiten vorzüglich auf den Weinbau.
Links: Die ehemalige Reichsburg Meistersel gehörte zum Burgensystem um den Trifels. Sie wurde im 11. Jahrhundert gegründet und im Dreißigjährigen Krieg zerstört.

Links: Das ehemalige Zisterzienserkloster Eußerthal, 1148 von Ritter Stephan von Mörlheim gegründet, stand seit Kaiser Friedrich Barbarossas Zeiten in enger Beziehung zur Burg Trifels, wo zwei Mönche aus Eußerthal den Reichskleinodien die ihnen zustehende geistliche Verehrung erwiesen.
Oben: An der Wand zwischen den beiden nördlichen Seitenkapellen befinden sich eine rechteckige Öffnung und darüber ein Drachenrelief in Spitzbogenrahmung.

Blick von Landau zum Pfälzer Wald.

DER WASGAU

ANNWEILER UND DER TRIFELS

Das Schicksal des Städtchens Annweiler war immer mit dem, der hoch über ihm thronenden Burg Trifels verbunden. Im Jahr 1086 wurde der Ort, es war wohl noch ein kleiner Weiler, erstmals erwähnt, nur fünf Jahre nach der ersten Nennung der Burg. Und bereits 1138 war Annweiler durch die Thronbesteigung der Staufer Königsland. 1219 erhob Kaiser Friedrich II. das Dorf zur Reichsstadt mit Zollfreiheit im ganzen Reich sowie Asyl- und Münzrecht. Glänzte der Name Annweiler während der staufischen Zeit, sank die Geschichte der Stadt mit den Habsburgern zur Lokalhistorie herab.

Im Jahre 1840 bemerkte Franz Weiss in seinen Aufzeichnungen einer Wanderung durch die Pfalz, von Landstuhl kommend: »Angenehm überrascht der Anblick von Annweiler, bei welchem das enge Thal sich etwas erweitert. Obsthaine und Rebenpflanzungen umkränzen das alte, dunkle Städtchen. Ein Lustgarten scheint hier mitten in die wilde Natur gleichsam hineingezaubert zu sein. So viel vermag beharrlicher Fleiss des Menschen!

Annweiler selbst bietet nichts Sehenswürdiges.«

Heute ist Annweiler ein freundlicher Fremdenverkehrsort und Ausgangspunkt zu einem Besuch der Burgruine Trifels.

Die Ruinen der Burg Trifels

Noch schwellt kein Grün der Buchen
Kronen,
Doch singt die Drossel schon vom Ast,
Und mit dem Weiß der Anemonen
Mischt sich der Primel gelber Glast;
Annweilers Berge seh ich wieder
Und ihre Burgdreifaltigkeit,
In Ehren alt, vernarbt und bieder,
Kriegszeugen deutscher Kaiserzeit.

Dort Scharfenberg, die schlanke,
feine,
Vor ihr der Felsklotz Anebos,
und hier als dritter im Vereine,
Der Reichspfalz Trifels Steinkoloß.
Ihr Turm mit der Kapelle Erker,
Der einst die Reichskleinodien barg,
Des Löwenherzen Richard Kerker
Wächst mächtig aus des Felsens Mark.

Mit diesen beiden Strophen gab Victor von Scheffel (1826-1886) seiner Freude Ausdruck, die Burgendreierreihe Trifels, Anebos und Scharfenberg wiederzusehen.

Für den Namen Trifels, dieser wohl bekanntesten und in der Geschichte des mittelalterlichen deutschen Reiches auch wichtigsten Burg des Pfälzer Waldes, gibt es verschiedene Erklärungsversuche.

Wenig wahrscheinlich ist es, daß er sich von den drei felsengekrönten Bergen herleitet, auf denen sich die Burgen Trifels, Anebos und Scharfenberg erheben, und sich dann auf die Burg Trifels verengt hat. Er dürfte von vornherein nur sie bezeichnet haben und deshalb entstanden sein, weil sich diese auf einem dreigeteilten Felsenrücken erhebt, was sich heute auf Grund von Anschüttungen, Niveauangleichungen und Zubauten kaum mehr nachvollziehen läßt.

Burg Trifels liegt auf einem schmalen Felsgrat, der, wie Friedrich Sprater bemerkte, »den Gipfel des bis zu einer Höhe von 494 m über dem Meere und 310 m über dem Städtchen Annweiler sich erhebenden Sonnenberges krönt«.

Erstmals erwähnt wird die Burg Trifels im Jahre 1081, als der fränkische Edelherr Diemar von Röttingen, später von Trifels, Schwager des Straßburger Stadtvogtes und Obervogtes des Straßburger Bistums Heinrich, vor seinem Eintritt in das Kloster Hirsau sie dem König übergab. König war damals der Salier Heinrich IV., doch ist es wahrscheinlicher, daß nicht ihm die Burg übertragen wurde, sondern dem Gegenkönig Hermann von Salm.

Vor allem aber war die Burg Trifels als Aufbewahrungsort der Reichsinsignien bekannt. Sie galten nicht so sehr ihres materiellen Wertes wegen als schützenswert, waren diese Requisiten der Macht doch vielmehr Legitimation der Amtsgewalt des jeweiligen deutschen Königs. Die eigentlichen Insignien waren die Krone, das Szepter, der Reichsapfel und das Reichsschwert, sowie das Reichskreuz mit den darin enthaltenen Reliquien. Ein Stück Holz vom Kreuze Christi war die wertvollste. Während die Reichsinsignien ursprünglich von den Königen mitgeführt oder an die Orte vorausgeschickt worden sind, an denen der König an hohen kirchlichen Feiertagen nach einem gewissen »Fahrplan«, dem Itinerar, »unter der Krone ging«, wurden später, der unsicheren Straßen wegen, die kostbaren und bedeutungsschweren Pretiosen an einem sicheren Ort aufbewahrt – auf der Burg Trifels.

Heute sind auf der Burg Nachbildungen ausgestellt – die Originale befinden sich nach einem wechselvollen Schicksal in der Wiener Hofburg.

Weitere Bedeutung erlangte der Trifels mit seinem wohl prominentesten Gefangenen – dem englischen König Richard Löwenherz.

Richard Löwenherz befand sich auf der Heimreise vom Dritten Kreuzzug. Aufgrund von Streitigkeiten mit dem französischen König Philipp August II. war die Reise durch Frankreich unsicher, und er hoffte, über das deutsche Reich nach England zu kommen. Bei Aquileja (westlich der Bucht von Triest) erlitt er jedoch Schiffbruch und reiste als Kaufmann verkleidet weiter. Südlich von Wien wurde er erkannt und von Herzog Leopold von Österreich, den Richard auf dem Kreuzzug vor Akkon schwer beleidigt hatte, auf Burg Dürnstein an der Donau gefangengesetzt. Doch ging es nicht nur um einen Ehrenhandel; als Kaiser Heinrich VI. von Leopold Richards Auslieferung verlangte, sagte dieser sie gegen einen Anteil des zu zahlenden Lösegeldes zu und übergab ihm den englischen König auf einem Reichstag zu Speyer im Jahr 1193. Von dort wurde er auf den Trifels gebracht.

Auf einer Tagung in Hagenau im Elsaß einigte man sich fast auf die Höhe des Lösegeldes und Richards Freilassung, als der französische König Philipp August, der die Ansprüche von Richards Bruder John Lackland (Johann ohne Land) auf den englischen Thron unterstützte, eine Gesandtschaft an Kaiser Heinrich schickte, um zu erreichen, daß ihm Richard gegen Zahlung einer außerordentlich hohen Summe übergeben werde. Richard war dadurch gezwungen, das bereits vereinbarte Lösegeld nochmals zu erhöhen. Auf einer Tagung in Mainz am 4. Februar 1194 schließlich übergab Richard sein Königreich dem Kaiser und erhielt es als Lehen zurück. Nachdem er den größten Teil des Lösegeldes bezahlt und für den Rest Geiseln gestellt hatte, konnte er in seine Heimat zurückkehren.

Ein Brief, den Richard im April 1193 an seine Mutter in England schrieb, läßt erkennen, daß er auf dem Trifels seiner Königlichen Stellung entsprechend behandelt wurde.

»Zwar redet ein Gefangener, übermannt
Von Schmerz und Pein, nicht eben mit Verstand;
Doch dichtet er, weil so das Leid er bannt.
Freund hab ich viel, doch karg ist ihre Hand.
Schon lieg ich, Schmach! weil sie kein Geld gesandt
Zwei Winter hier in Haft.

Nun ist es meinen Mannen doch bekannt
In Normandie, Poitou und Engelland:
So armen Kriegsmann hab ich nicht im Land,
den ich im Kerker ließ um solchen Tand.
Nicht hab' ich dies zu ihrem Schimpf bekannt,
Doch bin ich noch in Haft.

Wohl ist es mir gewiß in dieser Zeit:
Tot und gefangen tut man niemand leid.
Und werd' ich ob des Goldes nicht befreit,
Ist's mir um mich, mehr um mein Volk noch leid,
Dem man nach meinem Tod es nicht verzeiht,
Wenn ich hier bleib in Haft.

Kein Wunder, daß mein Herz dem Gram sich weiht:
Auflegt mein Herr dem Land zu großes Leid,
Und denket nimmermehr an unsern Eid,
Den wir vor Gott beschworen beiderseits.
Doch weiß ich, daß ich nicht mehr lange Zeit
Hier schmachten werd in Haft.

Erhalt euch Gott, ihr Schwestern hochverehrt,
Samt ihr, der Schönen, die mir teuerwert
Und die mich hält in Haft.

Auch die Sage hat sich Richard Löwenherz' Gefangenschaft auf dem Trifels angenommen. Als sich in England das Gerücht verbreitete, der König werde in Deutschland gefangengehalten, machte sich der Sänger Blondel de Nesle auf den Weg, um ihn zu suchen. Schließlich kam er vor eine Burg, wo er ein Minnelied anstimmte. Nachdem er die erste Strophe gesungen hatte, hörte er aus der Burg die zweite Strophe. Daraufhin erstieg er in der Nacht mit 12 Rittern die Burgmauern und befreite seinen König.

Mit dem Ausgang der Stauferzeit verlor der Trifels seine Bedeutung. Nach der Verbringung der Reichskleinodien auf die Kyburg in der heutigen Schweiz und ihrer nur vorübergehenden Rückkehr auf den

Trifels zwischen 1292 und 1298 verpfändete König Ludwig IV., der Bayer, 1330 die Burg an seine Erben.

Den Bauernkrieg, der vielen Burgen auch in der Pfalz zum Verhängnis wurde, überstand der Trifels 1525 unzerstört.

Im Dreißigjährigen Krieg flüchteten die Bewohner der Umgebung in die Burg, sie wurde jedoch endgültig verlassen, als unter ihnen 1635 die Pest ausbrach.

Der Trifels diente anschließend als Steinbruch, zunächst den Zweibrücker Herzögen, dann den Einwohnern der Umgebung, bis man zur Zeit der Romantik den weiteren Abbruch einstellte. 1866 wurde ein Trifels Verein gegründet, der nun namhafte Mittel zur Erhaltung der noch vorhandenen Reste der Burg bereitstellte.

Nur wenige Besucher des Trifels nehmen sich die Zeit, auch noch zu den Burgruinen Anebos und Scharfenberg zu wandern. Bei der Anebos lohnt sich das auch kaum; sie wurde, im späten 12. Jahrhundert gegründet, wohl schon im 13. Jahrhundert wieder aufgegeben, nachdem die sie besitzende Familie ausgestorben war. Aufsteigendes Mauerwerk ist nicht mehr erhalten, letzte Spuren sind lediglich Balkenlöcher und geglättete Wandflächen am »Dickkopf« genannten Burgfelsen.

Lohnender ist die Ruine der Burg Scharfenberg auf dem südlichsten Berggipfel. Ihr volkstümlicherer Name »Münz« rührt daher, daß auf ihr die Stadt Annweiler im 13. Jahrhundert Münzen prägen lassen durfte. Die damit erzielten Einkünfte flossen jedoch nicht in das Stadtsäckel, sondern mußten zur Unterhaltung des Trifels verwandt werden.

Wahrscheinlich war Burg Scharfenberg im 11. Jahrhundert als Reichsburg neben dem Trifels gegründet worden, ohne daß sie auch nur annähernd dessen Bedeutung erlangte.

VON DER MADENBURG NACH BAD BERGZABERN

Weiter nach Süden erreichen wir die Madenburg, eine ehemalige Reichsburg, die mit einer Länge von über 180 Meter und einer größten Breite von 50 Meter eine der flächenmäßig größten Burganlagen der Pfalz ist.

Die Madenburg wird gerne mit der »Parthenopolis«, also Jungfrauen- oder Mädchenburg, gleichgesetzt, wo nach einem Jahrbuch von 1076 die deutschen Fürsten sich mit dem gebannten Kaiser Heinrich IV. zu einer Aussprache treffen oder ihn vielleicht auch gefangennehmen wollten, was Heinrich aber dadurch verhinderte, daß er die Tagung nach Tribur bei Darmstadt verlegen ließ. Die Madenburg war damals jedenfalls im Besitz der kaiserfeindlichen Partei. Um 1112 war Erzbischof Adalbert von Mainz Herr auf der Madenburg, erst nach seiner Gefangennahme Ende dieses Jahres war er bereit, das »castrum beatae Mariae virginis«, also die Burg der heiligen Jungfrau Maria, dem Kaiser zurückzugeben. 1176 erscheint erstmals der deutsche Name. 1164/65 kamen

Die Madenburg

die Hohenstaufen in den Besitz der Madenburg, Anfang des 13. Jahrhunderts die Grafen von Leiningen. 1470 eroberte Kurfürst Friedrich der Siegreiche die Burg. 1525 wurde sie von aufständischen Bauern erstürmt und in Brand gesteckt, jedoch vom Bischof von Speyer wieder aufgebaut, wobei sie verstärkte Befestigungen erhielt. Dennoch konnte sie 1552 Markgraf Albrecht Alkibiades von Brandenburg-Kulmbach, ein typischer Renaissance-Condottiere, erneut zerstören. Nachdem der Speyrer Bischof dort noch 1593/94 prächtige Renaissance-Gebäude hatte errichten lassen, wurde sie im Dreißigjährigen Krieg von verschiedenen Parteien besetzt und im Reunionskrieg schließlich 1693 von französischen Truppen gänzlich zerstört. Sie ist heute eine der imposantesten pfälzischen Burgruinen.

Nicht weit von der Madenburg liegt Klingenmünster. Wie es der zweite Teil des Namens noch erkennen läßt, entwickelte sich der Ort bei einem monasterium, einem Kloster, das bereits um 674 von dem Merowingerkönig Dagobert II. gegründet worden war. Nach einem Brand 840 ließ es der Mainzer Erzbischof Hrabanus Maurus näher bei dem Dorfe Klingen neu erbauen.

Um 1100 wurde die jetzige katholische Pfarrkirche St. Michael als Mönchskirche des Klosters - es gab auch ein Gotteshaus für die Laien - erbaut. Die Kirche für die Mönche war eine kreuzförmige dreischiffige Säulenbasilika mit Doppelturmfront. Erhalten blieben davon im wesentlichen die Stümpfe der beiden Westtürme, der Verbindungsbau dazwischen, dem im Barock ein einfacher Glockenturm aufgesetzt wurde, und eine Emporenkapelle aus der 2. Hälfte des 12. Jahrhunderts. Der Rest wurde 1735-37 abgebrochen und durch einen einschiffigen Neubau ersetzt. Dessen Ausstattung erfolgte in den Formen des Rokoko und des frühen Klassizismus. Das Grabmal der Gräfin Loretta von Zweibrükken-Bitsch (gestorben um 1430) wurde aus Bruchstücken, die man unter dem Straßenpflaster gefunden hatte, wieder zusammengesetzt und die Figur der Verstorbenen farblich neu gefaßt.

Westlich von Klingenmünster erhebt sich auf einer Bergnase die imposante Ruine der Burg Landeck. Sie wurde vermutlich gegen Ende des 12. Jahrhunderts als Reichsburg vornehmlich zum Schutz der Abtei Klingenmünster erbaut, nachdem die Burg »Schlössel« oberhalb der Landeck, die diese Funktion bis dahin hatte, wohl 1168 zerstört worden war. Um 1222 kam sie als Reichslehen an die Grafen von Leiningen und fiel 1237 in einer Besitzteilung an Graf Emich IV., der die Linie Leiningen-Landeck gründete. Im Bauernkrieg wurde die Burg 1525 durch Brände in Mitleidenschaft gezogen und 1689 von französischen Truppen zerstört.

Der Baubestand der Burg entstammt im wesentlichen noch der ersten Hälfte des 13. Jahrhunderts. Am besten erhalten und am eindrucksvollsten sind die zum »Hohen Mantel« verstärkte Nordseite der Ringmauer und der mächtige quadratische Bergfried gleich dahinter.

Bad Bergzabern, ursprünglich zum Bistum Speyer gehörig, wurde erstmals 1180 erwähnt. Im Schutz einer Burg der Grafen von Zweibrücken konnte sich der Ort im Laufe des 13. Jahrhunderts so gut entwickeln, daß ihm König Rudolf von Habsburg 1286 die Stadtrechte verlieh. Ende des 14. Jahrhunderts kam Bergzabern an Kurpfalz, bei der Teilung von 1410 an Pfalz-Zweibrücken. In der »Bruderfehde« zwischen der Kurpfalz und Pfalz-Zweibrükken wurde die Stadt 1455 von kurpfälzischen Truppen erobert und erneut 1489. Auch im Bauernkrieg 1525 und im Dreißigjährigen Krieg 1618-48 litt sie schwer, 1676 steckten sie französische Truppen in Brand. Ihre aus der zweiten Hälfte des 13. Jahrhunderts stammende Befestigung wurde 1823/24 außer dem sogenannten Dicken Turm und dem Storchenturm abgebrochen.

Angesichts der in der wirtschaftlichen Entwicklung des 19. Jahrhunderts ungünstigen Standortlage Bergzaberns unternahm man den Versuch, die Stadt als Kurort zu etablieren. Sie darf sich seit 1964 offiziell Bad Bergzabern nennen.

Sehenswert ist das ehemalige Schloß des Kurortes. Vormalig stand an dieser Stelle eine Wasserburg der Grafen von Zweibrücken, die 1180 erstmals erwähnt wurde. Die Burg fiel wahrscheinlich 1525 dem Bauernkrieg zum Opfer. Ein Schloßneubau wurde 1676 ein Raub der Flammen. Schließlich ließ Herzog Gustav Samuel 1720-25 eine Vierflügelanlage mit zwei mächtigen Ecktürmen an der Südfront erbauen, die heute als Schule genutzt wird.

Der ehemalige Adelshof der Familie von Marx, heute das Gasthaus zum Engel, wurde um 1600 erbaut und gilt als das schönste Renaissancehaus der Pfalz. Eigenartig ist sein schiefwinkeliger Grundriß, der noch durch zwei Treppentürme bereichert wird. Bereichert wird die Stadt auch mit zahlreichen im 17. und 18. Jahrhundert erbauten Bürgerhäusern, die sich um den Marktplatz und entlang der Marktstraße reihen.

Südwestlich von Bad Bergzabern weist der erstmals 992 erwähnte Ort Dörrenbach einen in der Pfalz einzigartigen gut erhaltenen Wehrfriedhof auf. Er wurde im 14. Jahrhundert angelegt und nach Zerstörung 1460 und gegen 1528 wiederhergestellt. Vier runde Ecktürme verstärken die Ringmauer. Im Friedhof liegt malerisch die Simultankirche St. Martin. Der untere Teil des Chorturmes entstand um 1300, seine oberen Geschosse wie auch das später erhöhte flachgedeckte Langhaus Anfang des 16. Jahrhunderts.

MAX SLEVOGT UND DER PFÄLZER WALD

Eng verbunden mit dem Pfälzer Wald, insbesondere der Haardt, war der Maler und Graphiker Max Slevogt. 1868 in Landshut geboren, hatte Slevogt schon als Kind Ferien in Landau verbracht. Seit 1884 besuchte er das Gut Neukastel, das im Besitz der Familie Finkler war. Slevogt fand Anschluß an die Familie und war auf Neukastel auch schon künstlerisch tätig. 1898 heiratete er »Nini«, Antonie Finkler, eine der Töchter des Gutsherren. 1901 zog Slevogt von München über Frankfurt nach Berlin um, kam aber immer auch zeitweise in die Pfalz und malte auf Neukastel und in Godranstein östlich von Landau, wo sein Schwiegervater ebenfalls einen Besitz hatte. Als im Frühjahr 1914 die Güter Finklers versteigert wurden, erwarb er den Hof Neukastel.

Er verlegte nun sein Arbeitsfeld immer mehr von Berlin nach Neukastel. 1922 griff er den Plan wieder auf, parallel zum bestehenden Bau im Westen einen Ostflügel nach seinen eigenen Vorstellungen zu erbauen, in dem die Bibliothek, ein Musikzimmer und Wohnräume untergebracht werden sollten. Nach Fertigstellung schmückte er zunächst 1924 das Musikzimmer mit Wandmalereien aus. Die Motive waren Gestalten und Szenen aus den Mozartopern Zauberflöte und Don Giovanni sowie Richard Wagners Oper Siegfried. Dabei verarbeitete er sicherlich auch Eindrücke und Erfahrungen aus seiner Arbeit als Bühnen- und Kostümbildner für eine

Don Giovanni-Aufführung im gleichen Jahre in Dresden. 1929 schuf Slevogt die Deckenmalereien im Bibliothekszimmer, Szenen aus Homers Ilias, Shakespeares Macbeth, Lederstrumpf und 1001 Nacht. Sie sollen im Stile barocker Allegorien das klassische Epos, das Drama, den Roman und das Märchen verkörpern. Neben diesen Fresken bewahrt Slevogts Haus auch eine Reihe seiner Tafelbilder. Max Slevogt starb 1932.

DAS SÜDPFÄLZER BURGENLAND

Zu den großartigsten Bauwerken der Menschen im Pfälzer Wald zur Zeit des Mittelalters gehören die Dahner Felsenburgen. Wie an keinem Ort, wurden hier die topographische und geologische Situation genutzt, um sich vor Feinden, Plünderern und anderen ungebetenen Gästen zu schützen. Die Angst vor solchen Gefahren muß sehr tief gesessen haben, anders sind die ungeheuren Mühen und Anstrengungen nicht zu erklären, weshalb sonst Kammern und Gänge mit primitiven Werkzeugen aus dem Felsen herausgemeißelt wurden, auch wenn der Buntsandstein zu den weicheren Gesteinsarten zählt.

An einem durch das Tal der Wieslauter verlaufenden Verkehrsweg entstand wahrscheinlich schon im 10. Jahrhundert eine Ortschaft, jedenfalls wird 960 eine Laurentiuskirche genannt. Eine urkundlich 1127 nachgewiesene Ministerialenfamilie legte die Burg Altdahn an, ab 1189 treten Heinrich, Ulrich und Konrad »von Tan« mehrfach unter Reichsministerialen auf, doch gehörte die Familie seit 1236 zur Ministerialität des Bistums Speyer, nachdem sie 1233-36 mit Konrad IV. sogar einen Speyerer Bischof gestellt hatte. Familienstreitigkeiten führten um 1240 zur Abspaltung einer Linie Neudahn, woraufhin dann die Stammlinie als von Altdahn bezeichnet wurde. 1287 erbaute diese eine sich an Burg Altdahn westlich anschließende weitere Burg, die sie sich jedoch schon bald als Ganerbenburg mit anderen Familien teilen mußten, darunter seit 1328 den Grafen von Sponheim, die sich seit 1339 durch Kaufverträge in den Gesamtbesitz der Anlage brachten, die mittlere Burg Grafendahn trägt nach ihnen ihren Namen. 1480 verlieh und 1485 verkaufte Kurfürst Philipp I. der Aufrichtige sie seinem Marschall Hans von Drott aus der thüringischen Familie von Trotha, dem »Hans Trapp« der pfälzischen Sage. Grafendahn war jedoch bereits um 1500 unbewohnbar und wird 1663 als »zerfallenes Gemäuer, so ein Schloß … gewesen« bezeichnet.

Burg Altdahn wurde mehrmals durch kriegerische Ereignisse stark in Mitleidenschaft gezogen. In der zweiten Hälfte des 15. Jahrhunderts müssen dann noch die beiden hufeisenförmigen Geschütztürme gebaut worden sein, ohne die Burg davor bewahren zu können, als kriegstechnisch überholt aufgegeben zu werden. 1603 war sie schon nicht mehr bewohnbar.

Burg Tanstein im Südosten wurde schließlich 1328 zum Ersatz für die seiner Familie verlorengegangene Burg Grafendahn von Johann III. von Altdahn erbaut.

Es ist dann nicht mehr so weit nach Busenberg und der über dem Ort gelegenen Burg Drachenfels, ebenfalls einer Felsenburg. Auch hier hat man in den verhältnismäßig weichen Buntsandstein Gänge, Treppen und Räume hineingetrieben. 1209 nannte sich nach ihr eine Ritterfamilie, die die Burg wahrscheinlich kurz vorher anlegte. Ursprünglich Ministerialen des Bistums Worms, gerieten sie im 14. Jahrhundert in den Ruf der Wegelagerei, was 1335 die Stadt Straßburg veranlaßte, den Drachenfels mit ihren eigenen Truppen, die sie sich im Zuge der Zeit wie die meisten größeren Städte zugelegt hatte, anzugreifen. Sie konnten die Burg erobern, äscherten sie ein und schleiften sie. Was dabei übrig blieb, verkauften die Brüder Eberhard und Anselm von Drachenfels 1344 mit allen Rechten an Graf Walram II. von Saarbrükken-Bitsch, der die Burg wahrscheinlich wiederherstellte und ausbaute. Seit dem Beginn des 15. Jahrhunderts erscheint die Drachenfels dann als Ganerbenburg mit 1414 elf, 1476 dreizehn und 1478 sechzehn Besitzern. Um 1510 waren es 25 Ganerben, was wohl um 1500 zu Bautätigkeit auf der Burg zwecks Erweiterung der Wohnfläche führte. Doch bald darauf brachte der Aufstand der Reichsritter unter Führung Franz von Sickingens, der zu den Ganerben des Drachenfels gehörte, 1523 das Ende der Burg. Die Ganerben wurden vertrieben, die Burg zerstört und ihr Wiederaufbau verboten.

Die wohl eindrucksvollste Felsenburg des Pfälzer Waldes ist Burg Berwartstein. Mancher mag sie aus seiner jugendbewegten Zeit noch aus dem Lied kennen, das die Bauernkriege illustrieren sollte »Die Glokken stürmten vom Berwartsturm, der Regen durchrauschte die Straßen, doch durch den Regen und durch den Sturm ertönte des Hifthorns blasen. Dem Ritter fuhr ein Schlag in's Gesicht, ein Spatenstich zwischen die Rippen, er brachte das Schwert aus der Scheide nicht, und nicht den Fluch von den Lippen«. Daß die Burg im Bauernkrieg wirklich eine Rolle gespielt hat, ist historisch allerdings nicht überliefert.

Erstmals urkundlich erwähnt finden wir den Berwartstein 1152, als Kaiser Friedrich Barbarossa ihn dem Bischof von Speyer schenkte; bis dahin war er also Reichsburg gewesen. Als nächstes wissen wir, ab 1201, daß sich eine Ritterfamilie nach der Burg nannte und wohl für den Speyerer Bischof verwaltete oder von ihm zu Lehen trug. Gegen 1300 betätigten sich Mitglieder dieser Familie als Wegelagerer. Burg Berwartstein wurde belagert und 1314 nach fünf Wochen erobert und zerstört. Mit dem Wiederaufbau übernahm sich die Ritterfamilie von Berwartstein wirtschaftlich, so daß die Burg 1343 verkauft werden mußte. Erleichtert worden sein mag dieser Schritt dadurch, daß der letzte Ritter von Berwartstein ohne männliche Nachkommen war und mit ihm das Geschlecht 1345 erlosch.

1591 brannte der Berwartstein ab und wurde nicht wiederaufgebaut. Die Ruine und die zur Burg gehörenden Liegenschaften blieben bis 1637 im Lehensbesitz der Nachkommen des Marschalls, dann fielen sie an Kurpfalz zurück. Nach einiger Zeit, inzwischen in Besitz der Kurpfalz, belehnte diese den kurfürstlichen Mainzischen Geheimen Rat Freiherr von Waldenburg mit dem Berwartstein, der ihn als ein »zugrundtegerichtetes, oedtes, vnbewohntes vnd zu bewohnen incapabel Hauß« bezeichnete und deshalb 1552 wenigstens teilweise wieder bewohnbar machte. 1663 wird jedoch erneut beklagt, daß das Schloß fast ganz verfallen und von Hecken bewachsen sei.

Im Schwange der Burgenbegeisterung des ausgehenden 19. Jahrhunderts erfolgte 1893/4 ein weitgehender, zum Teil pittoresker Ausbau der Anlage. Dieses nostalgische Schnörkelwerk wurde zum Glück bei einer späteren Restaurierung wieder beseitigt. Die höchstgelegene Burgruine der Pfalz (572 m), die Wegelnburg, erreicht man von Nothweiler aus. Sie wurde im 12. oder der ersten Hälfte des 13. Jahrhunderts als Reichsburg erbaut, 1247–1312 erscheint eine sich nach ihr nennende Ministerialenfamilie. Weil der kaiserliche Burgvogt sich angeblich des Landfriedensbruches und Straßenraubes schuldig gemacht hatte, zerstörten Truppen des Landvogtes des Elsaß Otto von Ochsenstein und der Stadt Straßburg 1272 die Wegelnburg. Nach ihrem Wiederaufbau verpfändete sie Kaiser Ludwig der Bayer seinen Neffen, den Pfalzgrafen Rudolf II. und Ruprecht I. 1679 wurde sie von französischen Truppen zerstört.

Die schmale Anlage erstreckt sich in 3 Abschnitten auf dem steilen Burgfelsen. Erhalten sind in der unteren und mittleren Burg Reste von Gebäuden, Toren und der Ringmauer, im Felsen, auf dem die Oberburg stand, eine große Felskammer.

KAISERSLAUTERN UND DER NÖRDLICHE PFÄLZERWALD

KAISERSLAUTERN

Die beiden größten Städte am Rande des Pfälzer Waldes sind Kaiserslautern und Neustadt an der Weinstraße.

Kaiserslautern verdankt seinen Namen dem durch sein Stadtgebiet fließenden Flüßchen Lauter, und so erscheint es denn auch bei den ersten urkundlichen Erwähnungen zu Anfang des 9. Jahrhunderts als villa Luthra (Dorf Lautern), 985 Luthara, 1195 Lutra, 1237 Lutra imperialis, also auf deutsch Kaiserslautern, 1297 Lutern, 1322 Keyserslutern. Diese Aufwertung rührt daher, daß die deutschen Könige und Kaiser in Kaiserslautern eine Pfalz besaßen, von der heute nur wenig erhalten ist. Der Kaiserslauterner Raum war bereits vor 500 v. Chr. besiedelt, wie Grabhügel der letzten Hallstadtperiode in der Nähe des heutigen Stadtgebietes bezeugen. Ob das auch in der Römerzeit so war, ist ungewiß, wenngleich in der Umgebung Reste römischer Straßen gefunden wurden. Die Franken legten einen Königshof an, dessen Spuren im Felsen der späteren Barbarossaburg gefunden wurden. Er wurde zum Mittelpunkt des großen Waldgebietes um Lautern und besaß bereits im 10. Jahrhundert Markt- und Zollrecht. Neben einer Burg aus dieser Zeit ließ Kaiser Friedrich I. Barbarossa nach 1152 eine großzügige Pfalz erbauen, die heute noch so genannte »Barbarossaburg«. Es ist überliefert, daß er in ihr nach Ostern 1158 vor seinem Italienzug mit seiner Familie und den Großen des Reiches wohnte. Um die Pfalz herum scheint schnell eine größere Siedlung entstanden zu sein, denn noch Barbarossa gründete ein Hospital und zu dessen Betreuung ein Prämonstratenserkloster. Von dem Kloster blieb die Stiftskirche erhalten. Auch die Niederlassung von Franziskanern 1284 spricht dafür, daß die Einwohnerzahl Kaiserslauterns rasch wuchs. 1269 feierte Richard von Cornwall, einer der beiden deutschen Gegenkönige während des »Interregnums«, also der regierungslosen Zeit, in der Kaiserslauterner Pfalz seine Hochzeit mit Beatrix von Falkenburg.

1276 verlieh König Rudolf von Habsburg Kaiserslautern die Rechte einer freien Reichsstadt. Es war von Reichsland fast in der Ausdehnung des heutigen Kreises Kaiserslautern umgeben. Die ständige Ebbe in der Reichskasse gab diesem Privileg frei-

Kaiserslautern

lich einen zwiespältigen Charakter. 1322 verpfändete Kaiser Ludwig der Bayer die Stadt an König Johann von Böhmen. Die Pfandschaft ging dann durch mehrere Hände, bis sie 1375 an Kurpfalz gelangte, das schließlich zum dauerhaften Besitzer Kaiserslauterns wurde.

In der zweiten Hälfte des 16. Jahrhunderts erlebte Kaiserslautern vor dem Dreißigjährigen Krieg noch einmal eine glückliche Zeit, als Kurfürst Friedrich der Fromme von der Pfalz 1576 das Amt Lautern seinem Lieblingssohn Pfalzgraf Johann Kasimir vermachte, der sich östlich der Barbarossaburg ein Residenzschloß bauen ließ, von dem im Bau des Burgmuseums nur noch Außenmauerreste erhalten sind.

1611 erbte der noch unmündige Pfalzgraf Ludwig Philipp Stadt und Amt Kaiserslautern. Als er 1620 sein Erbe antreten wollte, besetzten spanische Truppen im Zuge des Dreißigjährigen Krieges sein Land. 1632 geriet Kaiserslautern unter schwedische Besatzung, 1635 wurde es von kaiserlichen Truppen erstürmt, wobei mehr als 1500 Einwohner den Tod fanden und schwere Schäden entstanden. Erst durch den 1648 in Münster geschlossenen Westfälischen Frieden kam Ludwig Philipp in den Genuß seines Erbes, doch schon 1653 mußte er auf dem Reichstag zu Regensburg mit seinem Neffen Kurfürst Karl Ludwig von der Pfalz einen Vergleich schließen, wonach Schloß, Stadt und Amt Kaiserslautern nach seinem und seiner Gattin Tod wieder an Kurpfalz zurückfallen sollte. Das geschah 1675.

Auch vom pfälzischen (1688-97) und spanischen (1701-13) Erbfolgekrieg wurde Kaiserslautern betroffen, die Befestigungen wurden zerstört und dic Barbarossaburg gesprengt. Erst unter der Regierung des Kurfürsten Karl Theodor (1742–99) wurden die Zeiten wieder ruhiger.

Doch noch in dessen letzten Lebensjahren überschatteten die Folgen der Französischen Revolution auch Kaiserslautern. Vom 28. bis 30. 11. 1793 schlug die preußische Armee unter der Führung Herzog Ferdinands von Braunschweig die französischen Revolutionstruppen in einer Schlacht bei Kaiserslautern. Auch in den folgenden Jahren konnten die wieder vorrückenden Franzosen noch zweimal bei Kaiserslautern zurückgeschlagen werden. 1797 brachten sie dann aber doch die Pfalz links des Rheines in ihren Besitz und organisierten sie ihrer heimatlichen Verwaltungsstruktur gemäß. Kaiserslautern wurde Hauptort eines der vier Arrondissements im Departement Mont-Tonnère, genannt nach dem Donnersberg bei Rockenhausen im Norden. Verkehrsmäßig profitierte Kaiserslautern von der Franzosenzeit insofern, als dann Napoleon seine Heerstraße von Metz nach Mainz, die sogenannte Kaiserstraße, hier hindurchführen ließ. Am 1. 5. 1816 kam Kaiserslautern mit der linksrheinischen Pfalz zu Bayern. Der Bau der Eisenbahn von Homburg im heutigen Saarland über Kaiserslautern nach Ludwigshafen am Rhein 1847–49 schuf die Voraussetzung für Kaiserslauterns Entwicklung zu einer prosperierenden Industriestadt.

DIE BARBAROSSABURG

Es gehört auch bei hochmittelalterlichen Königspfalzen zu den Glücksfällen, wenn über ihren Bau schriftliche Nachrichten überliefert sind. Für Kaiserslautern ist das der Fall. Der Mönch Rahewin, der als Schüler Bischof Ottos von Freising dessen Chronik »De gestis Frederici imperatoris« (»Über die Taten des Kaisers Friedrich«) fortsetzte, berichtet, daß Friedrich Barbarossa in Lutra aus roten Steinen ein königliches Haus erbaut und mit nicht geringer Pracht ausgestattet habe. Auf der einen Seite habe er es mit einer sehr starken Mauer umgeben, die andere bespüle ein großer Fischweiher, der zur Augen- und Gaumenweide jede ergötzliche Art von Fischen und Geflügel enthalte. Auch stoße ein Wildpark mit einer Masse von Hirschen und Rehen daran. Da die Chronik mitteilt, daß Friedrich Barbarossa im Frühjahr 1158 sein »königliches Haus« in Kaiserslautern aufsuchte, um dort Reichs- und Familienangelegenheiten zu klären, ist also zwischen diesen Besuch in Kaiserslautern und Barbarossas Regierungsantritt 1152 der Bau der Kaiserslauterner Pfalz zu datieren. Bezeugt ist ein Aufenthalt des Kaisers dort wieder 1184, sein Sohn Kaiser Heinrich VI. besuchte sie in seiner kurzen siebenjährigen Regierungszeit zweimal, 1193 und 1195, der junge König Friedrich II. 1214, 1215 und 1217, sein Sohn Heinrich (VII.) hielt hier 1234 einen Hoftag.

Angesichts dieser wie üblich nur sporadischen Inanspruchnahme der Pfalzen durch die deutschen Könige und Kaiser bestanden natürlich in den langen Zwischenzeiten für die Reichsministerialen, die sie verwalteten, gute Aufstiegschancen in eine weitgehende Selbständigkeit. In Kaiserslautern war es das Geschlecht der Ritter von Lautern, deren Mitglieder in den Ehrenämtern des Marschalls, also des Stallmeisters, des Mundschenks und des Reichsschultheißen, dem die Rechtspflege anvertraut war, urkundlich bezeugt sind. Es fällt heute, angesichts dessen, was von der Barbarossaburg erhalten blieb, schwer, sich vorzustellen, daß sie einmal Zentrum eines großen Pfalzkomplexes gewesen ist.

HOHENECKEN, TRIPPSTADT UND LANDSTUHL

In dem hübschen Dorf Hohenecken, ein Vorort von Kaiserslautern, ist neben der katholischen Rochuskapelle von 1748, einem kleinen Saalbau mit Dachreiter, vor allem die Burg bemerkenswert.

Sie wurde in der zweiten Hälfte des 12. Jahrhunderts als Reichsburg erbaut, um einerseits das Vorfeld der Kaiserpfalz in Kaiserslautern und andererseits die unter ihr vorbeiführende Straße von Kaiserslautern ins heute elsässische Weißenburg sichern zu helfen. Auf ihr saß das Reichsministerialengeschlecht der Herren von Hohenecken, das 1212 erstmals urkundlich genannt wird und bis 1665 im Besitz der Burg war. Wie so viele Burgen in der Pfalz wurde sie im pfälzischen Erbfolgekrieg von französischen Truppen zerstört und blieb seitdem Ruine.

Von Hohenecken weiter das Tal hinauf und dann nach Osten abbiegend, erreichen wir kurz vor Trippstadt Burg Wilenstein. Sie wurde wahrscheinlich etwa Mitte des 12. Jahrhunderts von Kaiser Friedrich I. Barbarossa zum Schutz des Reichslandes um Kaiserslautern erbaut und mit einer Ministerialenfamilie besetzt, die zuletzt 1324 urkundlich erscheint.

Trippstadt gehört mit etwa 3000 Einwohnern zu den wenigen größeren Siedlungen im Pfälzer Wald. Urkundlich wird der Ort erstmals 1337 erwähnt. Mitte des 14. Jahrhunderts ist er im gemeinsamen Besitz der Reichsministerialen von Falkenstein und der Herren von Flörsheim, beide auf Burg Wilenstein. Wie diese übertrug der Kurfürst von der Pfalz mit ihrem Amtsgebiet auch Trippstadt seinem Oberjägermeister Ludwig Anton Freiherrn von Hacke. Dessen Sohn Franz Karl Joseph wertete Trippstadt 1752–54 mit dem Bau der Katholischen Pfarrkirche St. Joseph und 1766/67 eines Schlosses erheblich auf. Auch die Gründung von Eisenhüttenwerken im nahen Karlstal, bereits 1728, hatte für einen wirtschaftlichen Aufschwung Trippstadts gesorgt. Sie arbeiteten bis 1884. Von nun spielt die Forstwirtschaft in Trippstadt die Hauptrolle und 1888 wird im Schloß eine Waldbauschule eingerichtet, die 1984 von der Landesregierung Rheinland-Pfalz in eine Forstliche Versuchsanstalt umgewandelt wurde.

Der Waldreichtum der Umgebung machte Trippstadt auch zu einem beliebten Luftkurort. Eine besondere Attraktion für den Fremdenverkehr ist der Trippstadter Brunnenstollen mit 289 Meter Länge. Dieser wurde wahrscheinlich 1767 zur Versorgung des Schlosses, vielleicht auch von Wasserspielen im Schloßpark, in den Berg getrieben.

Die wichtigen Verkehrswege am Nordrand des Pfälzer Waldes, von Kaiserslautern nach Saarbrücken, Bundesstraße, Eisenbahn und Autobahn, führen über Landstuhl oder dicht daran vorbei. Diese Ost-West-Verbindung war schon zur Römerzeit von Bedeutung. Funde im Osten der Stadt belegen eine Siedlung. Augenscheinlicher machen das die seit etwa 1860 auf dem Marktplatz aufgestellten »Sickinger Würfel«, die aber mit dem berühmten Reichsritter Franz von Sickingen nichts zu tun haben. Die drei Steinblöcke sind vielmehr wohl Reste eines Grabdenkmals, das um 1821 in der römischen Nekropole am heutigen Ringgasser Weg gefunden wurde. Auf einem der Blöcke eine stark verstümmelte Inschrift, der nur noch einigermaßen verläßlich zu entnehmen ist, daß der dort Beigesetzte »v(ixit) a(nnos) V mens(es) (...)«, also 5 Jahre gelebt hat.

Eine erste schriftliche Erwähnung Landstuhls enthält das Reichsurbar des

Klosters Lorsch zu Anfang des 9. Jahrhunderts als »villa Nannenstul«, wobei interessanterweise die Namen der Burg Nannstein oberhalb des Ortes, die aber wahrscheinlich erst um 1160 gegründet wurde, und von Landstuhl kombiniert sind.

1326 und 1347 wird Landstuhl schon als Stadt bezeichnet. Gegen Ende des 15. Jahrhunderts kam Landstuhl ebenso die Burg Nanstein in Besitz der Reichsritter von Sickingen und blieben es, bis nach der französischen Revolution ohnehin alle Herrschaftsverhältnisse westlich des Rheines umgekrempelt wurden. Ihre Bauten aus dem 18. Jahrhundert bestimmen bis heute den Kern des Landstuhler Stadtbildes, soweit es historisch ist.

In der katholischen Pfarrkirche St. Andreas, die 1852/53 anstelle einer gotischen Marienkapelle erbaut wurde, befindet sich das Grabmal Franz von Sickingens.

Von den Gebäuden der ehemaligen sickingenschen Herrschaft blieben das Palais der Linie Sickingen-Hohenburg, die sogenannte Rentei, das sickingen-hohenburgische Amtshaus und die Zehntscheuer erhalten.

Die Burg Nanstein über Landstuhl wurde wahrscheinlich um 1160 als Reichsburg gegründet. 1189 ist ein Aufenthalt König Heinrichs VI. auf der Burg bezeugt. Bei dieser Gelegenheit erscheint sie erstmals urkundlich als »Nannenstein« erwähnt. Wie Landstuhl wechselte auch die Burg Nanstein mehrfach die Besitzer, bis sie gegen Ende des 15. Jahrhunderts an die Herren von Sickingen kam. Ritter Franz von Sickingen baute die Burg aus. Er gehört zu den hervorragendsten Vertretern der Reichsritterschaft, die sich zu Ende des Mittelalters gegen ihre Mediatisierung, ihre Unterwerfung durch die hochadeligen Landesherren, zu wehren versuchten. Dabei wurde ihnen sowohl von diesen wie

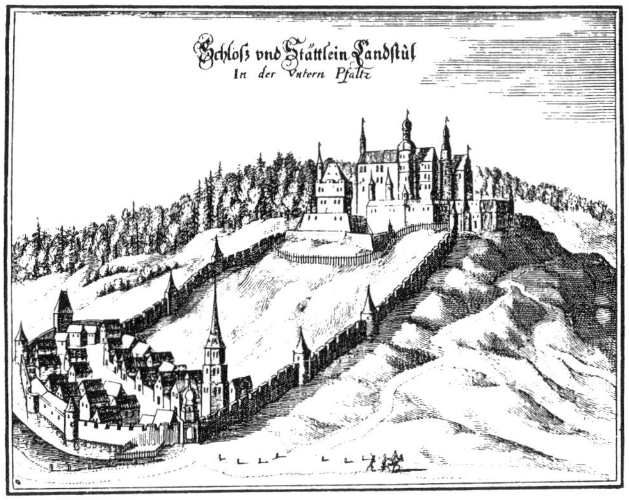

Landstuhl mit der Burg Nanstein

auch den Städten, von deren Kaufleuten sie zum Teil auf der Grundlage alter, inzwischen freilich in der Praxis überholter Privilegien Geleitgelder forderten, das Odium des »Raubrittertums« angehängt, womit sich Landesherren und Städte berechtigt fühlten, ihre »Raubnester« auszuräuchern. So auch Burg Nanstein. 1523 verbündeten sich das Erzbistum Trier, die Landgrafschaft Hessen und die Kurpfalz gegen Franz von Sickingen und belagerten Burg Nanstein. Am 29. April begann die Beschießung, bei der täglich um die 600 Kanonenschüsse abgefeuert worden sein sollen. Am 2. Mai wurde dabei Franz von Sickingen von einem herabfallenden Balken tödlich verwundet. Fünf Tage später ergab sich die Besatzung der Burg.

DAS ELMSTEINER TAL UND NEUSTADTER TAL

Kurz bevor man von Kaiserslautern aus in Richtung Rheinebene Lambrecht erreicht, öffnet sich rechts das Elmsteiner Tal, benannt nach dem Ort Elmstein. Geographisch gesehen ist es das Tal des Speyerbaches, der später bei dieser altehrwürdigen Stadt in den Rhein mündet.

Neben seinen landschaftlichen Schönheiten bietet das Elmsteiner Tal auch interessante Burgen und Burgruinen wie Burg Spangenberg, Burg Erfenstein sowie Burg Breitenstein zur Besichtigung.

Am Ende des Tales gelangt man nach Elmstein. Seine Burg wurde im 12. Jahrhundert von den Pfalzgrafen zur Sicherung der Straße durch das Elmsteiner Tal erbaut, auch der Ort war befestigt. Von der Schildmauer der Burg aus der 2. Hälfte des 13. Jahrhunderts ist ein 12 Meter hohes Teilstück erhalten, ebenso Reste des Palas.

Im Ortsteil Appenthal steht von der ehemaligen Liebfrauenkirche, die 1488 als Wallfahrtskirche errichtet wurde, nur der Turm ohne seinen ursprünglichen Helm.

In Elmstein selber findet man die katholische Pfarrkirche Mariä Heimsuchung, ein kleiner Saalbau mit Dachreiter von 1765, Hochaltar und Orgelprospekt entstanden bereits um 1700.

LAMBRECHT

Zu den wenigen Städten im Bereich des Pfälzer Waldes gehört Lambrecht im Tal des Speyer-Baches.

987 stiftete hier der rheinfränkische Herzog Otto ein dem heiligen Lambrecht geweihtes Benediktinerkloster und stattete es mit reichen Gütern und Einkünften aus. Kaiser Otto III. bestätigte die Gründung. 1065 unterstellte es Kaiser Heinrich IV. dem Speyerer Bischof. Seit 1244 lebten in ihm Dominikanerinnen. Nach der Reformation hob es Kurfürst Friedrich II. von der Pfalz 1553 auf und überwies seinen Besitz und seine Einkünfte der Universität Heidelberg. In den Klostergebäuden siedelte Pfalzgraf Johann Kasimir dann gegen Ende des 16. Jahrhunderts Glaubensflüchtlinge aus Frankreich, Wallonien und Holland an; insbesondere die Wallonen trugen mit ihrem Fleiß und ihren Kenntnissen in der Tuchmacherei zu einem schnellen Aufstieg Lambrechts bei. 1888 wurde die Gemeinde Lambrecht mit der benachbarten Gemeinde Grevenhausen vereinigt und zur Stadt erhoben.

BURG FRANKENSTEIN

Zu den malerischsten Stellen im Pfälzer Wald gehört das Örtchen Frankenstein unterhalb der gleichnamigen Burg. Pittoresk erscheint der Tunnel durch einen vorspringenden Felsenberg, durch den in kurzen Abständen die Züge von Kaiserslautern nach Neustadt donnern.

Auf dem Felsenberg soll nach 1100 zunächst ein Wartturm an der alten Straße von Kaiserslautern nach Dürkheim von einem Franko erbaut worden sein. 1146 wird urkundlich ein Helenger von Frankenstein genannt. Anfang des 13. Jahrhunderts erbauten die Grafen von Leiningen neben der Warte eine Burg. In der Folge-

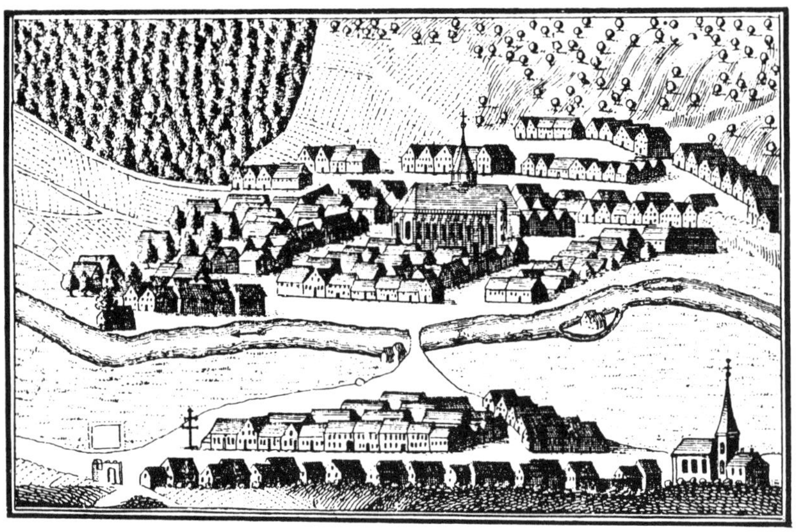

Lambrecht und Grevenhausen (1753)

Frankenstein

zeit erscheinen die Ritter von Frankenstein als »castellani«, also Burgleute, und »ministeriales«, also etwa »abhängige Adelsfamilie«, der Grafen von Leiningen.

Seit der Mitte des 16. Jahrhunderts war Burg Frankenstein nicht mehr bewohnt, doch ist die Anlage des 13. Jahrhunderts verhältnismäßig gut erhalten, da sich offenbar später niemand für diesen exponierten Bauplatz interessiert hat.

Wesentlich abgelegener als Burg Frankenstein und auch schwerer zugänglich ist Burg Diemerstein. Sie wurde um 1200 von einer Familie gegründet, die sich nach der Burg nannte, wohl einem Geschlecht, das in der Stauferzeit aufgestiegen war und sich nun eine eigene Burg bauen konnte, nach der es sich nannte. Die Burg kam jedoch schon um 1250 an die Raugrafen und wurde später zur Ganerbenburg, befand sich also im Besitz mehrerer Familien. Prominentester Gast war der Reichsritter und Humanist Ulrich von Hutten, der sich hier im Herbst 1521 versteckt hielt.

ENTLANG AN HAARDT UND WEINSTRASSE

VON NEU-LEININGEN NACH BAD DÜRKHEIM

Sie begrüßen alle Autofahrer aufs schönste, die auf der Autobahn in Richtung Kaiserslautern-Saarbrücken von der Rheinebene in den Pfälzer Wald hineinfahren, Burg und Städtchen Neuleiningen. Anlaß ihrer Erbauung war wohl die Teilung des Besitzes im Hause Leiningen 1237, bei der die Stammburg (Alt)-Leiningen im gemeinsamen Eigentum verblieb. Das störte offenbar Graf Friedrich III., und so ließ der in der Gemarkung des Dorfes Sausenheim, heute ein Ortsteil von Grünstadt, die ihm allein gehörte, 1238-41 eine neue Burg errichten. Angesichts ihres relativ regelmäßigen viereckigen Grundrisses wird immer wieder spekuliert, daß da sarazenische Vorbilder Pate gestanden haben könnten, wie das auch hinsichtlich der ebenfalls auf recht regelmäßigem Grundriß angelegten Burg Landeck im Süden des Pfälzer Waldes zuweilen vermutet wird; deren heute noch erhaltener Bestand stammt ebenfalls aus der leiningschen Zeit vom Ende des 12. und Anfang des 13. Jahrhunderts.

Im Bauernkrieg und im Dreißigjährigen Krieg blieb die Burg unbeschädigt, doch wurde sie dann 1690 von französischen Truppen in Brand gesetzt.

Von der ehemaligen Ortsbefestigung sind noch Teile der Mauer in voller Höhe erhalten. An der Südostecke steht der sogenannte Diebsturm mit vorkragendem Zinnenkranz. Da die Straßen teilweise am Abhang des Berges übereinander gestaffelt und mit Treppen verbunden sind, ergeben sich manche malerischen Durchblicke.

Die ehemalige Stammburg der Grafen von Leiningen, Burg Alt-Leiningen, ist zwischen 1110 und 1120 von Graf Emich II. erbaut worden. Den Namen »Alt«-Leiningen trägt sie erst seit 1242 zur Unterscheidung von der damals neuerbauten Burg Neuleiningen. Seit dem Ende des 13. Jahrhunderts war sie Ganerbenburg der Grafen von Leiningen und von Sponheim. Nach mehrfachem Besitzerwechsel wurde die Burg im Bauernkrieg zerstört, dann aber im 16. und 17. Jahrhundert glanzvoll wiederaufgebaut, bis sie 1690 von den Franzosen erneut zerstört und zunächst nicht wiederhergestellt wurde. Das änderte sich erst in jüngerer Zeit, als die Ruine seit 1965 ausgebaut und 1968 als Jugendherberge in Betrieb genommen wurde.

Die ausgedehnte Anlage, auf einer Bergzunge über dem Eckbachtal, folgt einem in etwa dreieckigen Grundriß mit 190 Meter Länge und einer größten Breite von etwa 100 Meter. Aus dem 13. Jahrhundert sind im Süden und Südwesten der Hauptburg noch Mauerreste, die Buckelquader mit Randschlag zeigen, erhalten. Ansonsten sind die Burggebäude Neubauten aus der ersten Hälfte des 17. Jahrhunderts.

Reizvoll ist auch die kleine romanische Landkirche St. Jakob mit flachgedecktem Langhaus und quadratischem Chor. Auffällig sind die sehr kleinen Fenster, denen in der Schlußwand des Chores eine spätromanische Sechspaßöffnung gegenübersteht. Reste von Wandmalereien aus dem

14. Jahrhundert zeigen im Chor die Kindheit, im Kirchenschiff die Leidensgeschichte Christi. Auch die Emporen wurden um 1720 bemalt und zeigen das Wappen Graf Georgs II. von Neu-Leiningen. Die Grabdenkmäler aus dem 16. und 17. Jahrhundert sind Grafen von Leiningen gewidmet.

Die wohl meistbesuchte Stadt am Rande des Pfälzer Waldes dürfte Bad Dürkheim sein. Das allerdings weniger seiner 7 Sole-Heilquellen wegen, sondern beim alljährlichen Dürkheimer »Worschtmarkt«, wenn die Rhein-Haardt-Bahn, eine straßenbahnähnliche Überlandbahn, von Mannheim und Ludwigshafen Zigtausende wein- und worschtfreudiger Gäste herankarrt. Der Worschtmarkt entwickelte sich aus einem mittelalterlichen Wallfahrtsfest auf dem Michelsberg nordöstlich von Dürkheim, aus dem ein St. Michelsmarkt entstand, der bis 1432 zurückverfolgt werden kann.

Das Dorf Dürkheim ist seit 946 im Besitz der Salier bezeugt, die es 1035 dem kurz zuvor gegründeten Kloster Limburg schenkten. Dessen Vögte, die Grafen von Leiningen, konnten Dürkheim als Limburger Lehen in ihren Besitz und beim Niedergang des Klosters in der Reformationszeit schließlich 1554 ganz in ihr Eigentum bringen. Bis zu den Wirren im Gefolge der französischen Revolution war es deren Linie Leiningen-Hardenberg möglich, die Herrschaft bis 1794 zu wahren, dann wurde es französisch und schließlich 1816 bayerisch.

Seit 1595 wird aus reichen Solequellen Salz gewonnen, und im 19. Jahrhundert entwickelte sich Dürkheim zu einem gern besuchten Kurort, dem 1905 der Titel »Bad« verliehen wurde.

Wertvollstes in Bad Dürkheim erhaltenes Baudenkmal ist die Evangelische Schloßkirche St. Johannis. Sie entstand etwa zwischen 1300 und 1335, als ein Ablaß

Bad Dürkheim

für die Ausstattung der Kirche erteilt wurde.

1504–08 wurde die Grabkapelle der Grafen zu Leiningen mit einem üppigen Netzgewölbe angebaut. Bemerkenswert ist vor allem das große Epitaph für Graf Emich XI. und seine Gemahlin Elisabeth von Pfalz-Zweibrücken, das noch zu Lebzeiten der beiden 1605 bei dem Speyerer Bildhauer Hans Voidel in Auftrag gegeben wurde.

An der Stelle des 1794 abgebrannten Leiningenschen Schlosses findet man das heutige Kurhaus, das 1822–26 als Rathaus erbaut wurde. Eine barocke Skurrilität sind bzw. waren die Jagdhäuser »Kehr-dich-an-nichts«, »Murr-mir-nicht-viel« und »Schau-dich-nicht-um«. Das erstere wurde in der ersten Hälfte des 18. Jahrhunderts in den Wäldern südlich der Straße nach Kaiserslautern durch Graf Friedrich Magnus von Leiningen als Gegenstück zu den beiden anderen heute zerstörten kurpfälzischen erbaut. Auch bei ihm blieb von den ursprünglich zwei Geschossen nur eines erhalten.

KLOSTERRUINE LIMBURG AN DER HAARDT

Westlich von Bad Dürkheim liegt die Ruine des Klosters Limburg. Von der ehemaligen Klosterkirche ist noch eine beachtliche Ruine erhalten, mit der Klosterkirchenruine in Paulinzella in Thüringen wohl die imposanteste in Deutschland.

Wahrscheinlich Anfang des 10. Jahrhunderts erbauten hier auf einer in das Isenachtal vorspringenden, schon in vorgeschichtlicher Zeit befestigten Anhöhe die Salier eine Burg. Reste dieser »Lintburg« wurden 1935 östlich der Klosterkirche und unter ihrem Chor ausgegraben. Der Legende nach soll die Grundsteinlegung am gleichen Tag wie die des Speyerer Domes, nämlich am 12. Juli 1030, stattgefunden haben.

Kloster Limburg konnte sich zahlreicher Dotationen erfreuen. Die Salier schenkten einen ausgedehnten Wald, König Konrad II. 1035 acht Dörfer, darunter Dürkheim gleich unterhalb des Klosters, Wachenheim ebenfalls unweit der Abtei und das entferntere Schifferstadt in der Oberrheinebene. Es folgten weitere Stiftungen, so daß das Kloster nach 1200 viele wertvolle Lehen ausgeben konnte, was seinen Reichtum weiter förderte. Es besaß die Münzhoheit und damit als deren wichtigsten Teil das Recht, eigene Münzen zu prägen.

1571 zog der Kurfürst Friedrich II. von der Pfalz das Kloster ein. Die Gebäude standen nun leer und verfielen. Nur im Dreißigjährigen Krieg hielten sich dort noch einmal vorübergehend Mönche auf.

Die Klostergebäude verfielen nun endgültig, bis 1843 die Stadt Dürkheim die Ruine kaufte; seitdem wurden wiederholt Sicherungsarbeiten vorgenommen und noch die Ruine kann, nicht zuletzt der aus ihrem tragischen Schicksal resultierenden Reinheit ihrer Formen wegen, an die Seite der 3 salischen Kaiserdome in Speyer, Worms und Mainz gestellt werden.

RUINE HARDENBURG

Westlich der Klosterruine Limburg, heute auch noch zum Stadtgebiet von Bad Dürkheim gehörend, liegt der Ortsteil Hardenburg, der seinen Namen von der ihn überragenden flächenmäßig größten Burgruine der Pfalz trägt, der Hardenburg mit 180 Meter Länge und 90 Meter Breite.

Die Hardenburg ist einer der typischen Fälle, wie Vögte, also Schutzherren über Kloster- oder anderen geistlichen Besitz, mit oder auch ohne Zustimmung der »Beschützten« auf deren Grund und Boden, angeblich eben in Wahrnehmung ihrer Schutzaufgabe, Burgen errichteten. In diesem Falle war es Graf Friedrich II. von Saarbrücken, der Begründer des 2. Hauses Leiningen, der sich auch nach der Hardenburg nannte. 1317 entstand bei der leiningschen Teilung eine besondere Linie Leiningen-Hardenburg, für die ein wichtiges wirtschaftliches Standbein ihre Schirmvogtei über die Abtei Limburg war. Aber die Grafen von Leiningen-Hardenburg verfügten im Umkreis ihrer Burg und verstreut in der Pfalz über ausgedehnten Besitz und entsprechende Einkünfte, was die Grafen Emich VII. (gest. 1495) und Emich VIII. (gest. 1535) in die Lage versetzte, an der Wende vom Mittelalter zur Neuzeit die Burg zu erweitern und für den Kampf mit Geschützen zu verstärken. So blieb die Burg dann auch rund 500 Jahre lang gräfliche Residenz, bis diese schließlich 1725 in das neuerbaute Schloß in Dürkheim verlegt wurde. Nur das Archiv und die Forstmeisterei blieben auf der Hardenburg.

1692 waren die Außenwerke der Anlage bereits von abziehenden französischen Truppen gesprengt worden. 1794 wurde die Burg in Brand gesteckt und ist seitdem Ruine.

VON NEUSTADT AN DER WEINSTRASSE IN DEN SÜDEN

Ein heute für den Pfälzer Wald bedeutsamer Ort ist Neustadt an der Weinstraße, an seiner östlichen Peripherie gelegen, Sitz der Bezirksregierung von Rheinhessen-Pfalz. »Nuwenstat« wurde um 1220 planmäßig von den Rheinischen Pfalzgrafen gegründet, 1230 wird es erstmals urkundlich erwähnt. 1275 wurde es von König Rudolf von Habsburg förmlich zur Stadt erhoben und ihm die Rechte der Stadt Speyer übertragen. In der Oberrheinebene gelegen, umgab sich Neustadt mit einer mehrmals erweiterten starken Befestigung, von der nur der Weiße Turm in der Schütt, dem östlichen Teil der innerstädtischen Hauptstraße, erhalten blieb, er wird heute mit neuem Aufbau als Fernsprechturm im Hof des Postamtes genutzt.

Neustadt entwickelte sich zum Verwaltungszentrum des pfalzgräflichen Besitzes links des Rheines, der später ein halbes Hundert Orte umfaßte. In der Stiftskirche Liebfrauen fanden 5 Mitglieder der Familie der Pfalzgrafen bei Rhein ihre letzte Ruhestätte.

Nach unglücklichem Taktieren im Bauernkrieg 1525 brachte das 16. Jahrhundert Neustadt eine glanzvolle Zeit, von der heute noch einige Bauwerke in der Altstadt, wie das Renaissancegiebelhaus am Markt, die Hofanlage in der Rathausstraße Nr. 6 und das sogenannte Casimirianum, Kunde geben. Im Glaubensstreit, der auch das protestantische Lager zwischen Lutheranern und Calvinisten und selbst das pfalzgräfliche Haus entzweite, gründete Pfalzgraf Johann Casimir in Neustadt 1578 eine calvinistisch-theologische Hochschule, die freilich nur bis 1585 Bestand hatte, während die damals lutherische Konkurrenz in Heidelberg bis heute besteht. An der Neustädter Hochschule, gemäß der Bescheidenheit der Renaissancezeit Collegium Casimiri oder Casimirianum getauft, lehrten u. a. die Professoren Zacharias Ursinus, eigentlich Zacharias Beer, und Pareus. Ursinus war ein Schüler Philipp Melanchthons. 1561 wurde er Professor der Theologie an der Universität Heidelberg und war

Neustadt an der Weinstraße

maßgeblich an der Herausgabe des Heidelberger Katechismus beteiligt.

Natürlich kam auch Neustadt nicht ohne Schäden durch den Dreißigjährigen Krieg, glimpflicher überstand es die Franzosenzeit, als es Kantonshauptstadt war. Nach dem Wiener Kongreß gelangte es mit der Pfalz 1816 an Bayern, 1945 wurde es Sitz der Bezirksregierung der Pfalz und blieb es auch, als 1946 das heutige Bundesland Rheinland-Pfalz gegründet wurde.

Mit dem Bau der ehemaligen Stiftskirche Liebfrauen an der Stelle einer Pfarrkirche aus dem 13. Jahrhundert wurde 1368 begonnen und sollte auch als Begräbnisstätte der kurfürstlichen Familie dienen. Von der alten Kirche wurde deren Westturm als Südturm in die neue Doppelturmfassade übernommen. 1394 konnte der Chor geweiht werden.

Das Liebfrauenstift wurde 1560 aufgehoben und die Kirche der reformierten Gemeinde überlassen. Ab 1705 konnten auch die Katholiken wieder einen Teil der Kirche nutzen; ihnen wurde der Chor zugeteilt, der 1708 durch eine Wand vom Langhaus, in dem die evangelischen Gottesdienste stattfanden, getrennt wurde. Heute ist die ehemalige Stiftskirche simultane Pfarrkirche, doch blieb die Scheidewand erhalten.

Die Neustadter Stiftskirche ist wohl das bedeutendste gotische Bauwerk in der Vorderpfalz. Ihre Bodenständigkeit wird dadurch unterstrichen, daß sie ganz aus dem roten heimischen Sandstein errichtet wurde. Die ursprüngliche Funktion als Kirche eines Stiftes, also einer mönchsähnlichen Gemeinschaft, drückt sich auch darin aus, daß der Chor etwas länger als das Langhaus ist. An ihn schlossen sich früher nördlich Stiftsgebäude an.

Als Neustädter Rathaus dient seit 1838 das ehemalige Jesuitenkolleg von 1729/30, eine weitläufige Vierflügelanlage um einen rechteckigen Hof in schlichten Barockformen, ursprünglich nur zweigeschossig, 1867 um ein drittes Geschoß aufgestockt.

Dank der Tatsache, daß Neustadt zu den wenigen Orten in der Vorderpfalz gehört, die im Pfälzischen Erbfolgekrieg 1689 nicht zerstört wurden und auch die Phase der Industrialisierung im 19. Jahrhundert einigermaßen unbeschadet überstand, ist noch eine für eine westdeutsche Kleinstadt sonst ungewöhnlich große Zahl historischer Wohnhäuser erhalten.

Im Westen Neustadts am Nordhang des Speyerbaches sollte die 1255 als »castrum Volfperg« zuerst erwähnte Wolfsburg wahrscheinlich die alte Handelsstraße über Lambrecht und Frankenstein nach Kaiserslautern schützen. Sicherlich diente sie aber auch dem Schutz Neustadts selber. Diese erste urkundliche Nennung überliefert, daß Pfalzgraf Ludwig II. der Strenge die Burg dem Ritter Albrecht von Lichtenstein mit der Verpflichtung der Burghut zu Lehen gab, also mit der Auflage, dort auch seinen ständigen Wohnsitz zu nehmen und erforderlichenfalls für kriegerische Maßnahmen zur Verfügung zu stehen. Ob diese Verpflichtung dann bei späteren Burgmannen wie etwa im 14. Jahrhundert den Grafen von Leiningen immer durchzusetzen war, mag dahingestellt bleiben.

Im nördlichsten Neustadter Ortsteil, Königsbach, ist in der Katholischen Pfarrkirche St. Johannes der Täufer ein um 1475 gemaltes Flügelretabel hinter dem Hochaltar ein ausdrucksvolles Zeugnis spätmittelalterlicher Gläubigkeit. Alt ist allerdings nur die Mitteltafel mit einer figurenreichen Kreuzigung. Der heutige Kirchenbau ist wesentlich jünger und wurde 1753 wahrscheinlich von dem Speyrer Hofbaumeister Johann Georg Stahl erbaut.

Im Nordosten des Stadtgebietes bewahrt der Vorort Mußbach drei interessante historische Denkmale: Die ehemalige Johanniterkirche, die Johanniterschaffnei und ein Lustschlößchen, den sogenannten Karl-Theodor-Hof.

NEUSTADT-HAMBACH

Am bekanntesten von den Neustadter Vororten ist sicherlich Hambach am Fuß der Kästenburg, besser bekannt als Hambacher Schloß.

Es liegt auf einem aus dem Höhenzug der Haardt vortretenden Bergkegel über dem Dorf.

Die Kästenburg wurde im 11. Jahrhundert von den Saliern erbaut. Von ihnen erbte es Graf Johann vom Kraichgau, der es, nachdem er Speyerer Bischof geworden war, der Kirche schenkte. Das Speyerer Hochstift blieb bis zur französischen Revolution der Eigentümer. 1525 verwüsteten Bauern das Schloß, das sie dann nach ihrer Niederlage in Fronarbeit wieder aufbauen mußten. Im Pfälzischen Erbfolgekrieg zerstörten es französische Truppen. Ihren hohen Rang in der Geschichte der demokratischen Bewegungen in Deutschland erhielt die Ruine am 27. Mai 1832, als dort von 20 000 bis 30 000 Menschen das Hambacher Fest gefeiert wurde. Initiatoren und treibende Kraft waren Dr. Johann Georg

August Wirth und Dr. Philipp Jakob Siebenpfeiffer. Dieser war früher pfälzischer Landkomissär und damit bayerischer Beamter gewesen, jedoch aus dem Staatsdienst entfernt worden, nachdem er 1830 eine oppositionelle Zeitschrift herausgegeben und darin auch eine selbständige Regierung für die Pfalz gefordert hatte. Zweiter Hauptredner der Veranstaltung war Dr. Johann Georg August Wirth, Herausgeber einer dann verbotenen Zeitschrift und erst kurze Zeit vor dem Fest aus der Untersuchungshaft entlassen. Gründe, warum es gerade in der Pfalz, in der die Bürger immerhin doch über größere Freiheiten verfügten als in den anderen süddeutschen Ländern, zu dieser Manifestation kam, sind mannigfaltiger Art. Man hatte in der zwanzigjährigen »Franzosenzeit« schon einen Status erreicht gehabt, hinter den das Rad der Geschichte dann zurückgedreht wurde. Auch die Hoffnungen auf einen einheitlichen Staat der Deutschen hatten sich im territorialen Kuhhandel des Wiener Kongresses 1814/15, bei dem um Länder und Untertanen wie um Privateigentum geschachert wurde, nicht erfüllt.

Es wäre eine Überschätzung, im Hambacher Fest die Geburtsstunde der deutschen Demokratie zu sehen, aber es war doch, wie es der erste deutsche Bundespräsident Theodor Heuss ausgedrückt hat, die »erste Volksversammlung der neueren deutschen Geschichte«. Eine der schwarz-rot-goldenen Fahnen, die damals zum Hambacher Schloß hinaufgetragen wurden, schmückt heute den Plenarsaal des rheinland-pfälzischen Landtages in Mainz. Nachdem das Hambacher Schloß zur Ausbildungs- und Tagungsstätte ausgebaut wurde, findet dort seit 1982 alljährlich unter der Schirmherrschaft des Ministerpräsidenten von Rheinland-Pfalz der Hambacher Disput zu jeweils einem ausgewählten politischen Thema statt.

Aus der Rheinebene zurückgezogen liegt zu Füßen des Kalmit, des mit 673 Meter höchsten Berges des Pfälzer Waldes, Sankt Martin. Es ist eines der reizvollsten Dörfer der Pfalz mit stattlichen Winzerhöfen, die sich zu malerischen Straßenbildern gruppieren. Sie gehen weitgehend noch in das 16. bis 18. Jahrhundert zurück und zeichnen sich oft durch Heiligenfiguren in Nischen aus.

Das Schloß Ludwigshöhe erinnert wohl am schönsten an die bayerische Zeit der Pfalz. Über Edenkoben gelegen, ließ König Ludwig I. das Schloß ab 1846 nach Plänen von Friedrich von Gärtner im »italienischen Stil« mit weitem Blick hinunter in die Rheinebene erbauen. Der Vierflügelbau um einen rechteckigen Binnenhof wendet seine Schauseite natürlich dieser zu. 1975 erwarb das Land Rheinland-Pfalz die Anlage, die heute zu Ausstellungen genutzt wird.

Nach Westen zu wieder ins Gebirge hinein liegt die Burg Meistersel. Sie wurde als »Meisterselde«, was soviel wie Meister- oder Herrenhaus bedeutet, im 11. Jahrhundert gegründet und gehörte zunächst dem Bistum Speyer, kam aber im 12. Jahrhundert in Reichsbesitz, woraufhin sie durch Ministerialen verwaltet wurde, die 1186 bis 1277 bezeugt sind. Seit dem 14. Jahrhundert war sie Ganerbenburg, also im gemeinschaftlichen Besitz mehrerer Familien. Sie wurde im Dreißigjährigen Krieg zerstört.

Die Hauptburg erhebt sich auf einem schmalen etwa 15 m hohen Felsrücken, darunter im Westen die Vorburg. Von einem Palasgebäude in der Hauptburg ist ein Teil der Außenmauer mit einer breiten Fensternische erhalten, die mit vier schmalen Spitzbogenöffnungen den Blick ins Land ermöglichte.

EHEMALIGE ZISTERZIENSER-KLOSTERKIRCHE EUSSERTHAL

Man sollte eigentlich annehmen, daß der abgeschiedene Pfälzer Wald die richtige Heimat für Menschen gewesen wäre, die sich vom Trubel der Welt zurückziehen wollten, also insbesondere etwa für Zisterziensermönche, aber als nennenswerte Ansiedlung ist da eigentlich nur ihr ehemaliges Kloster Eußerthal anzuführen. Das liegt nun allerdings wirklich in einem früher wohl recht einsamen, aber freundlichen Wiesental.

1148 gründete es der Ritter Stephan von Mörlheim, besiedelt wurde es zunächst von Mönchen aus dem lothringischen Kloster Weiler-Bettnach. Kaiser Friedrich I. Barbarossa übertrug dann jeweils 2 Mönchen aus Eußerthal die Behütung der Reichskleinodien auf dem Trifels. Das bedeutete natürlich nicht, daß sie lediglich darauf aufzupassen hatten - das hätte die Besatzung der Burg wohl besser gekonnt -, sondern, daß sie dem Reichskreuz die ihm nach dem Verständnis der damaligen Zeit zustehende gottesdienstliche Verehrung zukommen ließen.

Durch zahlreiche Schenkungen und Stiftungen erlangte das Kloster rasch Ansehen und Macht. Kaiser Heinrich VII. schenkte ihm 1233 die Fortunakirche in Annweiler unter dem Trifels mit allen Rechten und Einkünften.

Über den Bau der dreischiffigen spätromanischen Klosterkirche sind keine Nachrichten bekannt. Er begann wohl um 1200, der Schwerpunkt der Bautätigkeit wird um 1220 angenommen, die Weihe erfolgte 1262.

Der Bau gehorcht einerseits den Vorschriften für die Schlichtheit von Zisterzienserkirchen, also Lage im Tal, keine Türme, Chorgrundriß nach den Vorschriften des heiligen Bernhard von Clairvaux, kann aber andererseits nicht verbergen, daß er in den reichen Stilformen der oberrheinischen Spätromanik entstand.

ORTSVERZEICHNIS

Kursive Ziffern verweisen auf Farbabbildungen.